DEBUT D'UNE SERIE DE DXX.'JMENTS
EN COULEUR

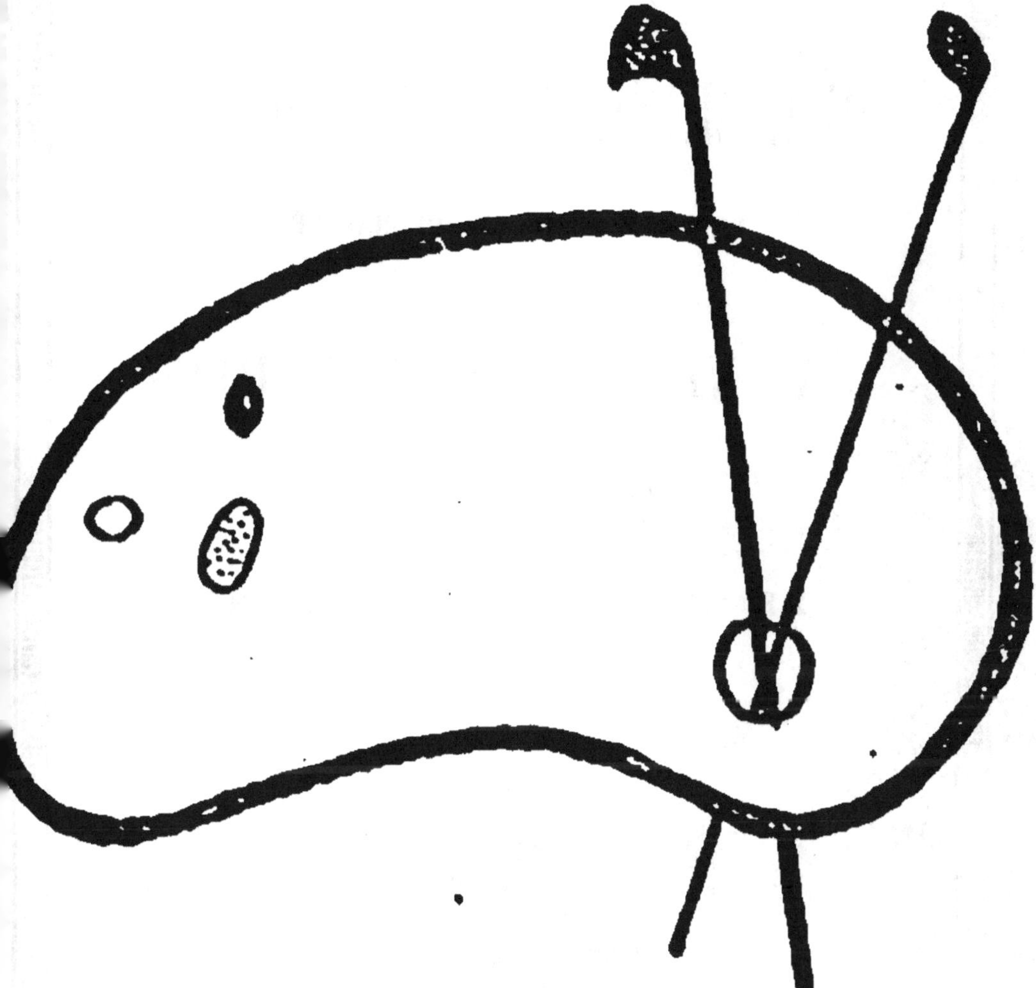

LA VÉNÉRABLE
PHILOMÈNE DE S{ᵗᵉ} COLOMBE

RELIGIEUSE MINIME DÉCHAUSSÉE

SA VIE ET SES ÉCRITS

PAR

LE P. PIE DE LANGOGNE

DES FRÈRES MINEURS CAPUCINS

PARIS

MAISON DE LA BONNE PRESSE

8, RUE FRANÇOIS I{ᵉʳ}, 8

IMP. DE LA MAISON DE LA BONNE PRESSE, 8, RUE FRANÇOIS 1ᵉʳ, PARIS.

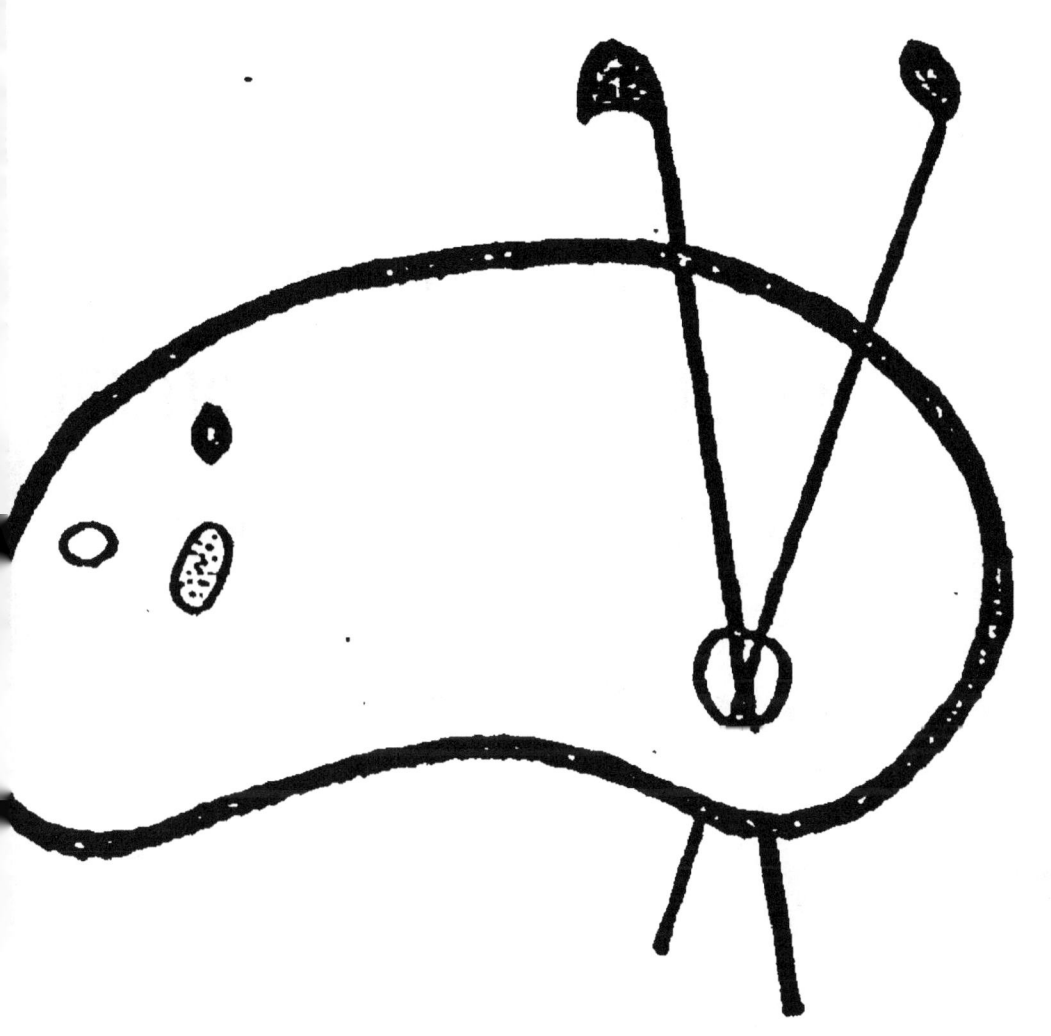

FIN D'UNE SERIE DE DOCUMENTS EN COULEUR

LA VÉNÉRABLE

PHILOMÈNE DE SAINTE-COLOMBE

RELIGIEUSE MINIME DÉCHAUSSÉE

SA VIE ET SES ÉCRITS

Tous droits réservés

Y.ÊM. SŒUR PHILOMÈNE DE Ste COLOMBE
PHILIPPINE MINIME
MORTE AU MONASTÈRE DE VALLS

LA VÉNÉRABLE

PHILOMÈNE DE SAINTE-COLOMBE

RELIGIEUSE MINIME DÉCHAUSSÉE

SA VIE ET SES ÉCRITS

PAR

LE P. PIE DE LANGOGNE

DES FRÈRES MINEURS-CAPUCINS

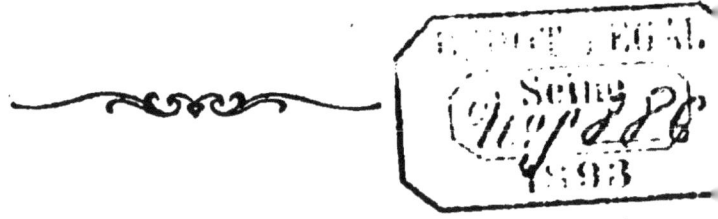

PARIS

MAISON DE LA BONNE PRESSE

8, RUE FRANÇOIS Ier

1893

APPROBATION

Ut opus cujus titulus : *La vénérable Philomène de Sainte-Colombe : Sa vie et ses écrits,* a Rmo. P. Pio a Langonio, Qualificat. S. O. necnon Secret. Gen. O. M. Capnor. exaratum, a duobus Theologis Ordinis rite examinatum, servatis servandis, typis demandari possit et valeat, vigore præsentium libenter permittimus.

L. ✝ S.   F. Bernardus ab Andermatt,
Min. Gen. Ord. Min. Capu.

Romæ, die 11ᵉ febr. 1893.

DÉCLARATION

En esprit de pleine soumission aux prescriptions de la Sainte Église et particulièrement au décret d'Urbain VIII, touchant les causes de béatification et canonisation, je déclare :

1° Que, dans cette VIE DE LA VÉNÉRABLE PHILOMÈNE, le titre de *Sainte*, le qualificatif de *miraculeux* ne préjugent aucunement les décisions infaillibles du Saint-Siège.

2° Que mes louanges aux écrits de la Vénérable doivent être entendues, jusqu'au prononcé de la sentence de la Sainte Église, la seule autorisée, comme exprimant uniquement une appréciation personnelle.

L'AUTEUR.

J. M. J. F.

Toute œuvre a son histoire. Cela est vrai des moindres essais comme des plus grands travaux.

J'appelle l'histoire d'une œuvre cet ensemble de circonstances, habituellement imprévues, qui nous déterminent à faire tel travail plutôt que tel autre, à retarder, ou parfois même à négliger des études bien chères, pour nous donner à l'œuvre du moment.

Il en a été ainsi pour cette vie de l'admirable Sœur Philomène. Je fus amené à l'écrire par un enchaînement d'incidents minuscules où j'aime à voir une indication de la volonté de Dieu.

Ces incidents, trop insignifiants et trop personnels, n'intéresseraient aucunement le lecteur. Ils se résument d'ailleurs en un mot : une photographie, fortuitement aperçue, d'une tête de religieuse Minime, visiblement prise sur un buste de marbre : une visite pour voir ce buste original, et partant le sculpteur Félix Ferrer, qui avait su lui donner cette expression céleste, et qui était précisément le propre frère de la vénérable Philomène : tout est là.

Mi hermana ! Il prononçait ce mot : *ma sœur*, avec une telle émotion d'attendrissement respectueux et de chrétienne fierté, que mon compagnon et moi, nous admirions sans doute les beautés techniques de son œuvre, mais plus encore, en notre for intérieur, la joie profonde et communicative qu'il mettait à nous parler de sa sœur.

Mi hermana ! Quand ces pages tomberont sous les yeux de Félix Ferrer, elles lui apprendront que cet essai hagiographique, pour lequel ses renseignements personnels m'ont été si utiles, est né d'une vibration de son âme à lui.

La vie de la vénérable Philomène fut écrite en

espagnol par le P. Narcisse Dalmau, son confesseur et son Père spirituel, et publiée pour la première fois, en articles séparés, dans le *Mensajero del S. Corazon de Jesus*. Il convenait que les vertus de celle qui avait tant aimé le divin Cœur fussent tout d'abord révélées aux associés de cette pieuse Revue.

Ces articles furent, par après, réunis en volume sous ce titre : *Vida de la Sierva de Dios Sor Filomena de Santa-Coloma, Religiosa del convento de Mínimas descalzas de la Villa de Valls : escrita por su confesor el P. Narciso Dalmau, Pró. de la misma Orden, y consagrada al Augusto Corazon de Jesus y á su Madre la Inmaculada Virgen María.*

La seconde édition, de Tarragone en 1880, donne en appendice une bonne part des écrits de Sœur Philomène.

En 1881, le Rme P. Augustin Donadio, Postulateur de la cause de béatification, traduisit et publia en italien, avec de précieuses additions, mais sans les écrits, le travail de son confrère catalan, mort depuis en odeur de sainteté

C'est à propos de cette version italienne que la *Civiltà cattolica* (1), dont on connaît la prudence théologique et l'indiscutable compétence, n'hésitait pas, sous les réserves de droit, à comparer l'humble religieuse de Valls aux grandes héroïnes de la sainteté. « Bien souvent, on entend dire
» et on peut lire que notre siècle n'est plus le
» siècle des Rose de Viterbe, des Catherine de
» Sienne, des Julienne Falconièri, et de tant
» d'autres héroïnes chrétiennes, dont les vertus
» étaient à la hauteur de cette foi si caractéris-
» tique du moyen âge. Or, voici une enfant, de
» modeste condition, née en 1841, partie de ce
» monde en 1868, et dont la vie terrestre de
» 27 ans s'est écoulée dans l'obscurité de la mai-
» son paternelle et puis d'un cloître ignoré d'une
» bourgade de l'Espagne : elle a été si admirable
» dans ses œuvres et ses souffrances, si favorisée
» des dons de Dieu, qu'elle nous fait voir une
» reproduction des plus merveilleux prodiges que

---

(1) *Civiltà cattol.* Anno XXXII, vol. 3, p. 600, et surtout vol. 4ᵉ, p. 213.

» l'on ne peut lire sans étonnement dans la vie
» de Catherine de Sienne et de Rose de Viterbe. »

La docte *Revue* conclut par une observation très judicieuse qui donne, ce nous semble, la note la plus vraie sur cette vie merveilleuse, et qui l'expliquerait même si la langue humaine, devant les prouesses divines, n'était réduite, selon la parole de saint Grégoire, à de simples balbutiements : *Balbutiendo, ut possumus, excelsa Dei resonamus.* « En dehors de ce qui est inimitable dans cette vie où le miracle a une si large part, les catholiques trouveront là de riches et magnifiques enseignements pour les consoler et les animer dans nos temps de dépravation, d'incroyance, d'apostasies et de persécutions sataniques contre l'Église de Jésus-Christ.

» Le secret de l'éminente sainteté de Philomène a été la double dévotion, plus particulièrement propre à notre XIXe siècle, à Marie Immaculée et au divin Cœur du Rédempteur. De plus, les impulsions les plus vives qui la portaient à se sanctifier par le sacrifice de tout son être, avaient pour cause son insatiable désir de venir en aide aux âmes, de soulager l'Église et la Papauté au milieu de leurs angoisses et tribulations. Aussi, cette enfant, vivant plus pour le ciel que pour la terre, fut ici-bas une victime volontaire, un holocauste de charité à Dieu pour le salut des peuples chrétiens, pour le triomphe et la paix de l'Église. »

Depuis que ces lignes ont été écrites, le nom de Sœur Philomène, à peine connu en France, est devenu célèbre en Italie. A Rome même, des religieux, des prélats, d'éminents personnages gardent, dans le secret de leur cœur, le souvenir des grâces obtenues par son intercession, et appellent de leurs vœux l'heure où, les procès canoniques terminés, ils pourront publiquement vénérer celle qui a déjà le culte privé de leur reconnaissance.

Après les travaux du P. Dalmau et du P. Donadio, l'hagiographe français, désireux de faire connaître à ses compatriotes, les vertus de l'humble religieuse catalane, n'avait qu'à traduire et à unifier ces deux récits; mais Sœur Philomène de Sainte-Colombe (1) voulut sans doute autre chose. Au moment où cette traduction allait être imprimée, les procès ordinaires, achevés à Tarragone, furent déférés à la Sacrée Congrégation des Rites. Je reçus providentiellement communication du *Summarium* imprimé desdits procès, et, après avoir lu et étudié ces dépositions, si vivantes et si touchantes, de témoins qui avaient, presque tous et toutes, connu pendant des années la servante de Dieu, je n'hésitai pas à commencer une œuvre nouvelle, tout en mettant largement à contribution le récit et bien souvent le texte même du P. Dalmau et du P. Donadio.

Je n'ai pas eu la prétention de faire mieux que mes vénérés prédécesseurs, mais bien la conviction que je devais faire autrement.

---

(1) Il aurait été mieux peut-être de traduire Philomène de Sainte-Coloma. Une petite ville de ce nom, dans la province de Gerona, a pour patronne cette sainte Coloma. Les Bollandistes, tout en faisant mention de deux saintes Colombe, l'une madrilène et l'autre portugaise, les appellent *Columba* et non *Coloma*. Faut-il voir, dans cette dernière version, une modification purement phonétique de la langue catalane ?

Pour les écrits, la traduction française a été faite sur le texte castillan du P. Dalmau. Afin lo rendre plus fidèlement ce texte, je me suis astreint à tout respecter, tout, jusqu'à la répétition des mêmes mots, jusqu'aux heurts et hachures des phrases.

Puissent ces pages exciter les âmes pieuses à des supplications plus ferventes au Cœur de Jésus, à la Vierge Immaculée, à saint Joseph et à saint Michel, par l'intercession de celle qui, de son vivant, a tant recommandé de recourir à leur protection !

Puisse aussi la vénérable Philomène me dire un jour, au ciel, que les eulogies que je consacre à sa douce et sainte mémoire, n'ont pas été sans quelque résultat pour sa gloire ici-bas !

Rome, le 13 janvier 1893.

LA VÉNÉRABLE
PHILOMÈNE DE SAINTE-COLOMBE
RELIGIEUSE MINIME DÉCHAUSSÉE

CHAPITRE PREMIER

PREMIÈRES ANNÉES

NAISSANCE DE PHILOMÈNE — SES PARENTS — SES FRÈRES ET SŒURS — DONATION MATERNELLE — PAS DE LARMES — LA « PETITE ENCHANTERESSE » — LES IMAGES DE LA SAINTE VIERGE — L'IMAGE AVALÉE — PREMIERS BÉGAIEMENTS — LE PETIT BERCEAU — LES PRÉDILECTIONS DIVINES — PREMIÈRES INFIRMITÉS — LA LANCETTE — ADMIRATION DES PARENTS — ASSAUTS DU DÉMON — LE NOM DE JÉSUS — ATTRAIT POUR LE RECUEILLEMENT — IMPUISSANCE A MÉDITER — OBÉISSANCE ENTIÈRE — LES HABILETÉS DE JOSEFA — BÉNÉDICTION D'UNE FAMILLE CHRÉTIENNE — PRÉDICTION DE SAINTETÉ FUTURE.

« En l'église paroissiale de Mora de Ebro (1), le quatrième jour d'avril de l'an mil huit cent quarante et un : moi soussigné, prieur de ladite église, j'ai baptisé solennellement Philomène Ferrer, fille légitime des époux

---

(1) Diocèse de Tortosa, province de Tarragone.

Félix et Josefa Galceran, habitants de cette ville. Aïeux paternels: Michel et Inès Guasch; maternels: Joseph et Françoise Bru. Natifs: le père, de Benicarlo; la mère, de Mora la Nueva. Les parrains ont été François Laurent et Candide Barcelo, tous deux instruits de la parenté spirituelle et de leurs obligations. L'enfant était née à six heures du soir du jour précédent. — Jean-Baptiste Descarrega, curé-prieur (1). »

Félix Ferrer, sculpteur de mérite, était venu se fixer de Benicarlo à Mora de Ebro, avec sa vaillante femme Josefa. Tous deux vivaient dans la sainte crainte de Dieu, fidèles à ces traditions de piété et de dignité qui sont encore en honneur, Dieu merci, dans les familles patriarcales de Catalogne. Leur éducation soignée, leurs manières affables et bienveillantes, leur attention à ne pas s'ingérer dans les affaires d'autrui, avaient concilié aux époux Ferrer l'estime générale; et ils étaient acceptés et même recherchés des familles les plus honorables de la ville.

De leur union si chrétienne naquirent six enfants, dont l'aîné fut précisément celle qui devait s'appeler plus tard Philomène de Sainte-Colombe. Elle reçut le baptême le lendemain de sa naissance, c'est-à-dire le 4 avril 1841, comme l'indique l'extrait baptismal que nous venons de transcrire.

Parmi ses frères et sœurs, deux font déjà partie du chœur des anges, Dieu les ayant appelés au paradis dans

---

(1) Acte de baptême de la servante de Dieu, Sœur Philomène de Sainte Colombe, religieuse Minime déchaussée, conservé aux Archives du couvent de Valls. Le même acte, reproduit dans le Procès d'introduction de la cause de béatification, fixe sept heures au lieu de six; il est vrai que, dans ce Procès imprimé, les fautes d'impression fourmillent.

la fraicheur de leur première innocence. Les autres, qui attendent encore sur cette terre d'exil, s'appellent Félix (1), Michel, Joaquina et Emanuela. Cette dernière a pris l'habit des Minimes déchaussées en 1876, le 29 mars, jour anniversaire de la vêture de la vénérable Philomène, sa sœur et sa marraine. Emanuela a eu, de plus, le bonheur d'occuper, dans le même monastère, la cellule que Sœur Philomène avait quittée, huit ans auparavant, pour s'envoler aux cieux.

Dona Josefa, sa mère, est allée recevoir le prix de ses vertus le 13 mai 1868, trois mois, jour pour jour, avant sa fille Philomène, dont le nom devait, à brève échéance, être inscrit dans les glorieuses annales de l'hagiographie chrétienne. Le père, Félix Ferrer, attendit encore pendant seize ans l'heure de la récompense. Lorsque, devant la réputation croissante de sainteté et les prodiges attribués à Sœur Philomène, le tribunal ecclésiastique dut être constitué pour connaître authentiquement de ces faits merveilleux, un des témoins cités fut précisément Félix Ferrer. Au premier interrogatoire, le vieillard au front blanchi fit aux juges cette réponse si touchante de simplicité et de fierté chrétienne:

« Oui, j'ai été, par la grâce du ciel, le père de la servante de Dieu, Sœur Philomène de Sainte-Colombe; je l'aime sans doute comme son père, mais aussi j'ai pour elle de la vénération, à cause des vertus et des autres grâces que le Seigneur lui a accordées. Oui, j'ai toujours vécu avec elle jusqu'à son entrée au couvent que vous venez de nommer. »

---

(1) Le sculpteur dont il est parlé ci-dessus, à la préface.

Pour en revenir à notre Philomène, on peut affirmer sans aucune témérité que, longtemps avant sa naissance, les prédilections divines l'avaient choisie et marquée du sceau des élus. Sa mère se plaisait à raconter qu'aussitôt après sa conception, elle se sentit poussée, par un appel intérieur, à consacrer à la Reine du ciel l'enfant de ses premières joies de mère. Josefa se jette aussitôt aux pieds d'une image de la Sainte Vierge, et lui donne, dans un transport d'amour reconnaissant, de bonheur attendri, l'enfant qu'elle portait dans son sein: « Que mon enfant soit vôtre, ô Marie, toujours vôtre! » L'amour de la mère ratifiait ainsi noblement la foi de la chrétienne! La suite de ce récit montrera combien l'auguste Mère du ciel agréa cette donation.

Nous ne saurions dire si cette enfant de prédilection a pleuré en entrant dans « la vallée de larmes », selon la loi générale qu'exprime Salomon ; toujours est-il qu'après la naissance et durant ses premières années, personne, pas même sa mère, ne la vit pleurer.

Que la science humaine s'évertue à trouver une explication physiologique; le prodige n'en sera pas moins surprenant, et nous persisterons à y reconnaître les bénédictions spéciales que nous remarquons aussi dans le naturel paisible de cette enfant bénie, toujours souriante, toujours douce, dans sa fraîcheur baptismale, dans cette grâce charmante qui la fit surnommer *la petite enchanteresse*.

On remarque dans les âmes privilégiées des choses si extraordinaires, que, sans l'évidence palpable des faits, et parfois sans l'autorité de l'Église, nous hésiterions à les croire. Elles sont si en dehors des voies ordinaires, que leur rareté même, pour ne pas dire leur étrangeté, surprend et déconcerte l'homme le plus circonspect.

Philomène, à seize mois à peine, témoignait, par mille signes, l'amour instinctif de son cœur pour la Vierge Marie. « Quand elle voyait quelque image de la Sainte Vierge, raconte sa mère, elle s'agitait, elle s'empressait, elle tendait vers elle ses petits bras, au point de m'échapper ; et, pour la retenir, il n'y avait d'autre moyen que de l'approcher de l'image bénie, dont elle baisait amoureusement les pieds, en lui adressant des saluts et des sourires. »

C'est vers la même époque qu'il lui arriva ce qu'on raconte aussi du Docteur angélique, saint Thomas. La femme de service qui la tenait dans ses bras lui montra, pour l'amuser, une image minuscule de Marie ; Philomène la saisit de ses petites mains, la baisa, et, d'un mouvement rapide, l'avala.

Ces témoignages précoces de piété offraient ceci de singulier que l'enfant les réservait exclusivement aux images de Marie. Celles des saints ne provoquaient en elle qu'un attrait ordinaire ; elle les regardait sans s'y arrêter.

Sa grande joie d'enfant, pour ne pas dire de bébé, était l'atelier de son père. Lorsque le sculpteur, autorisant une violation à la consigne, permettait à la bonne de franchir avec l'enfant le seuil de ce mystérieux atelier, Philomène inspectait toutes ces œuvres d'art. Les marbres les plus fins, les mieux fouillés n'avaient d'elle qu'une petite moue assez dédaigneuse, quand ils ne représentaient pas un sujet religieux ; mais, devant une image pieuse, surtout de la Sainte Vierge, même en simple maquette à peine dégrossie, c'étaient des cris de joie, des ébats de plaisir, comme si elle retrouvait dans cette image quelqu'un que son cœur avait toujours connu.

Le langage enfantin des signes, qui n'est pas sans expression ni sans grâce, était alors le seul possible à Philomène pour traduire son amour inconscient, mais si vrai envers sa Mère du ciel. Dès que ses lèvres purent, pour la première fois, articuler des mots, l'enfant balbutia le sentiment qui remplissait son cœur : *Marie, ma Mère!* Ce fut sa première parole, et elle la répétait avec un accent d'inexprimable tendresse.

Son amour pour l'Enfant Jésus n'était pas moindre.

Elle avait à peine trois ans, quand sa mère dut faire, pour la seconde fois, les préparatifs d'un berceau qui allait être bientôt occupé. Philomène, à la vue de ces langes, de ces petits vêtements, s'imagina, dans sa candeur, qu'ils devaient servir pour l'Enfant Jésus. Elle les chercha donc en toute la maison, et les ayant enfin trouvés, elle était dans l'allégresse de les tenir dans ses mains, de les presser, de les baiser comme s'ils eussent déjà réellement couvert l'Enfant Jésus. Elle leur disait de douces paroles, et s'épanchait en protestations d'amour aussi touchantes que naïves.

Josefa était justement fière de sa petite Philomène, qui faisait l'admiration de tous ceux qui l'approchaient. Le caractère expansif et tendre de l'enfant, son esprit prématurément ouvert aux choses de Dieu, son avidité croissante pour apprendre les prières qu'elle allait ensuite réciter, pendant de longues heures, dans quelque endroit solitaire de la maison, tout redisait à cette mère chrétienne que Philomène méritait son surnom de *petite sainte*.

Dieu, qui voulait l'élever à une haute perfection, commença en elle, dès ses premières années, le beau travail de la souffrance.

Elle n'avait pas encore quatre ans, quand il la visita par une infirmité assez grave pour anéantir ses forces corporelles, et assez longue pour vaincre la patience d'âmes moins favorisées de la grâce.

Philomène elle-même nous rend compte de cette infirmité (1) : « Dieu voulut, dès mon bas âge, mettre ma patience à l'épreuve par des accidents et des infirmités qui me réduisirent à une extrême faiblesse, au point d'inspirer des craintes pour ma vie. Je souffrais déjà de plusieurs maux, lorsque des humeurs malignes se formèrent sur mes bras, sur un pied et au côté, et me causèrent de très vives douleurs. Je les supportais avec une patience, dont le souvenir est la confusion de mon immortification d'aujourd'hui. Je crois me rappeler même que je regardais avec un certain plaisir la lancette qui servait à percer mes abcès, et qui, tant de fois, fit jaillir le sang de mes veines. Ces souffrances durèrent avec une violence intermittente jusqu'à l'âge de huit ans, et toujours, par la grâce de Dieu, je les supportai sans jamais me plaindre ni donner aucun signe d'impatience. »

Frappés d'admiration à la vue d'une patience aussi extraordinaire, et qui ne se démentit jamais durant les quatre années de sa maladie, les parents de Philomène ne cessaient de louer Dieu des merveilles qu'il opérait en

---

(1) Manuscrit du 10 novembre 1875

leur fille. Cette constance héroïque était, à leurs yeux, comme le sceau des grâces et faveurs célestes qu'ils observaient en elle depuis le jour de sa naissance.

Les mérites d'une âme de cette trempe, ainsi que les fruits spirituels de ses exemples, ne pouvaient passer inaperçus de l'ennemi du genre humain. En effet, Philomène n'avait pas encore cinq ans qu'elle eut déjà à combattre contre le malin esprit qui, tantôt par des assauts furieux, tantôt par des images horribles, essayait d'effrayer la pauvre enfant, et de la détourner ainsi du chemin entrepris avec tant de courage et de fermeté.

Son père put un jour constater lui-même la violence de ces assauts. Il était auprès de Philomène, quand celle-ci eut soudainement une vision du démon qui, sous une forme hideuse et avec des gestes horribles, semblait s'élancer contre elle. L'enfant pousse un cri de terreur, se jette entre les bras de son père, en appelant Jésus à son secours. A peine a-t-elle prononcé ce nom, que sa crainte disparait, et elle brave, avec un courage paisible, les attaques de l'ennemi de son âme.

A six ans, c'est-à-dire au moment où la raison commence à peine à poindre chez les enfants et qu'ils sont le plus attachés aux jouets et aux amusements, Philomène faisait ses délices de converser intérieurement avec le Maître de son âme.

La sainte Mère Thérèse de Jésus nous enseigne (1) que ceux dont l'imagination est paresseuse et l'esprit peu déductif, arrivent à la contemplation, si leurs efforts sont persévérants, beaucoup plus vite que ceux dont les

---

(1) *Vie de la sainte Mère Thérèse de Jésus, écrite par elle-même*, chap. IV.

facultés sont plus déliées et promptes. C'est ce qui arriva à notre petite Philomène.

Sa mère, voyant les excellentes dispositions de sa fille pour la vertu, lui disait parfois : « Prends ce livre, mon enfant, retire-toi dans ta chambre, et médite un peu sur tel point, ou telle matière. » Et l'enfant, humble et obéissante, se retirait, en effet, toute seule, se mettait à genoux devant quelque pieuse image, et là, cherchait à se recueillir de son mieux pour appliquer son esprit au sujet indiqué. Vains efforts ! elle ne pouvait jamais arriver, comme elle l'a déclaré dans ses écrits, à fixer son esprit sur un sujet déterminé et préparé d'avance. Dieu voulait l'élever à une oraison d'un autre genre, beaucoup plus sublime. C'était la voix du céleste Époux qui, dans la solitude, l'appelait avec amour, et l'enfant privilégiée réunissait pour l'écouter toutes les facultés, tous les sentiments de son âme, et ne savait plus que prononcer un mot : « Parlez encore, ô Jésus, parlez : votre servante écoute ! »

Et, en effet, le divin Cœur de Jésus se manifestait à elle, inondant son âme d'une joie céleste, lui communiquant le don sublime d'une contemplation inconsciente, et la dirigeant lui-même dans le chemin de la perfection.

Cependant, la vertu que l'on vit briller d'un plus vif éclat dans Philomène, durant ses premières années, fut, sans aucun doute, celle d'obéissance. Josefa, la pieuse mère, frappée de ce qu'il y avait d'extraordinaire dans son enfant, mettait de mille manières sa vertu à l'épreuve. Elle cherchait, notamment, à la contrarier en tout, à reprendre chacune de ses paroles et de ses actions ; mais, en tout et toujours, l'enfant restait douce et complètement soumise, au point qu'elle semblait n'avoir pas de volonté propre.

Ces heureuses dispositions étaient entretenues, non seulement par l'oraison, mais encore par de bonnes lectures, auxquelles Philomène s'appliqua dès qu'elle sut lire, et surtout par le zèle ardent et persévérant de ses parents à cultiver les saintes inclinations de leur fille. Tant il est vrai que des parents vertueux sont pour les enfants une précieuse bénédiction !

Si telle était notre chère enfant dans la maison paternelle ; si, au milieu des distractions et des occupations domestiques, son recueillement intérieur était si fidèle, quels ne devaient pas être son maintien et son attention à l'église, la maison de Dieu et le lieu de la prière ! Là surtout, Philomène, embrasée du divin amour, épanchait son cœur en la présence du Seigneur. A genoux, les mains jointes, les yeux modestement baissés, elle demeurait immobile comme une statue de la prière. Objet des complaisances de son céleste Époux, elle était encore l'édification de tous les fidèles qui la voyaient.

Un saint prêtre la surprit un jour dans cette espèce de ravissement qui lui était habituel quand elle priait à l'église, et il fut si frappé de cette piété en quelque sorte rayonnante, qu'il s'écria : « Le maintien si extraordinaire de cette enfant est, à mes yeux, une marque certaine qu'elle parviendra un jour à une haute sainteté ! »

Les progrès de sainteté que nous allons admirer donnèrent raison à cette prédiction.

CHAPITRE II

PREMIÈRE COMMUNION

LA CARACTÉRISTIQUE DE LA SAINTETÉ — PHILOMÈNE ET LES INTÉRÊTS DE DIEU — UNE PROMENADE SUR L'ÈBRE — LA VIEILLE MENDIANTE — LA JEUNE FILLE PAUVRE — LE BOUQUET DE MYRRHE — L'EUCHARISTIE, SOURCE DE VIE ET DE FORCE — LE BOIS SEC ET LE BOIS VERT — LE GRAND JOUR, 15 OCTOBRE 1853 — COÏNCIDENCE ÉLOQUENTE — LA DÉFAILLANCE — LES SECRETS DU CIEL — PREMIERS VŒUX.

Le grand ascète anglais, le P. W. Faber, dans son bel ouvrage : *Tout pour Jésus* (1), en parlant des caractères de la sainteté, fait cette remarque très judicieuse, que tous les Saints ont, nonobstant l'admirable variété de leur caractère personnel, trois points de ressemblance commune : le zèle pour la gloire de Dieu, la sollicitude pour les intérêts de Jésus-Christ, l'ardent désir du salut des âmes.

Ces trois tendances de l'âme, que le pieux écrivain appelle les trois instincts des Saints, sont, en effet, la pierre de touche de la sainteté, l'expansion naturelle de l'amour de Dieu qui, débordant de leur cœur, vient s'épanouir dans ces manifestations extérieures.

(1) Chap. II, section 1, du tome 1er.

Et comme le bouton annonce la fleur qui s'épanouira sous la rosée et le clair soleil de Dieu, ainsi l'âme de Philomène apparait, dès les premières années, marquée de ce triple caractère.

Sa sollicitude pour l'honneur de Jésus était telle que les péchés commis contre lui blessaient son jeune cœur, comme autant d'épines acérées. Oh! combien la faisaient souffrir les péchés de scandale! Comme ils déchiraient son âme les blasphèmes qu'elle entendait! Avec quelle sainte intrépidité elle prenait la défense de Jésus outragé!

On parlait un jour devant elle des charmes d'une promenade en bateau sur l'Èbre. Les eaux de ce fleuve portent, aux campagnes qu'elles arrosent, la fraîcheur et la fécondité. Ses rives, d'une végétation luxuriante, sont coupées, par intervalles, de bosquets ombreux qui semblent s'abriter sous le feuillage tremblotant des hauts peupliers dont la cime les domine. « Ah! s'écria Philomène, elle serait vraiment agréable, cette promenade sur l'Èbre, si on n'y entendait pas, à chaque instant, les grossièretés des bateliers et leurs blasphèmes contre le saint Nom du Seigneur! »

Tous les interlocuteurs, devant cette réflexion émue d'une enfant de sept ans, furent étonnés, mais plus encore édifiés de la délicatesse exquise de son amour pour Jésus.

Le zèle de Philomène n'était pas moindre pour le bien spirituel et temporel du prochain. Aucune fatigue ne lui coûtait quand il s'agissait de venir en aide à quelque misère du corps ou de l'âme.

Mais ce zèle avait un je ne sais quoi de particulièrement doux et bon envers les pauvres de Jésus-Christ. Sous les haillons de la misère, la foi faisait voir à Philomène des âmes royales, rachetées par le Sang précieux du Sauveur. C'est elle-même qui nous fait la confidence de cette prédilection de son cœur pour les nécessiteux : « Souvent, dit-elle, je donnais tout ce dont je pouvais disposer à mes chers pauvres, que j'aimais si tendrement (1). »

Il y avait alors dans la ville de Mora une pauvre paralytique, à qui Josefa envoyait de temps à autre, par l'entremise de Philomène, quelques aliments. On ne pouvait, certes, confier à l'enfant une charge plus agréable. Elle portait soigneusement à la pauvre infirme les provisions que sa mère lui donnait, et, ne pouvant en augmenter la quantité comme elle l'aurait voulu, son ingénieuse charité trouvait le moyen de suppléer à l'aumône matérielle par une aumône spirituelle d'un mérite non moins grand. Ses édifiantes réflexions, ses douces paroles d'encouragement, faisaient couler dans le cœur de la patiente le baume salutaire de la consolation et de la résignation chrétienne au milieu de ses souffrances. Philomène était vraiment l'ange consolateur que Dieu envoyait à la pauvre infirme pour la soutenir et adoucir ses maux.

Nous ne pouvons taire un autre trait de la charité de la jeune servante de Dieu. Une enfant de son âge, mais très pauvre, avait l'habitude de passer chaque jour devant la maison, pour aller puiser de l'eau à la fontaine. Quand Philomène la voyait venir, elle tâchait de se joindre à elle dans le même but ; puis, une fois à la fontaine, elle la priait de lui remplir sa cruche, et, sous prétexte de la récompenser de sa bonne volonté, elle lui faisait chaque jour une petite aumône pour soulager sa misère.

(1) Manuscrit du 10 novembre 1895.

Philomène était arrivée à sa treizième année sans avoir encore reçu l'auguste Sacrement de l'Eucharistie. Il était temps qu'elle s'approchât de la Sainte Table, et pour obéir au précepte de l'Église, et pour faire dans la vertu de plus rapides progrès. L'Eucharistie est, en effet, le Pain des forts : c'est elle qui opère tant de merveilles dans les saints, qui fait goûter à leur source même les consolations spirituelles, qui donne aux martyrs ce courage et cette patience invincible au milieu des tourments.

Notre pieuse enfant se prépara donc avec ardeur à ce grand jour, où elle devait recevoir pour la première fois Celui pour qui le monde entier est une habitation trop étroite.

C'est un principe que les causes, tant naturelles que surnaturelles, ont une action plus ou moins puissante, suivant les dispositions du sujet sur lequel elles opèrent; ainsi, le feu enflamme promptement le bois sec, tandis qu'il se communique difficilement au bois vert.

Or, le Saint-Esprit fit comprendre à Philomène que l'abondance des dons célestes serait proportionnée aux dispositions intérieures de son âme. Il est facile, dès lors, de concevoir avec quel soin elle prépara son cœur. L'état de justice et de pureté, strictement obligatoire pour tous ceux qui prennent place au banquet sacré, ne suffisait pas à la pieuse enfant. Elle voulait plus et mieux : purifier son âme de toute affection terrestre; n'avoir d'autre désir, d'autre pensée que de plaire à Dieu, d'ouvrir son cœur au grand large pour qu'il le remplît de sa grâce et le possédât sans réserve. Activer la flamme de l'amour divin au point d'en être consumée : telle était la sainte ambition de cette enfant bénie.

Et ses nobles efforts avaient pour résultat de provoquer dans son âme, pour la première visite de Dieu, ce double sentiment d'amour respectueux et de respect amoureux qui concilie à la fois la dignité du Sacrement et les saintes ardeurs de l'âme pour Jésus.

Enfin, arriva le moment tant soupiré où Philomène reçut en son cœur Jésus-Amour. Ce fut le 15 octobre 1853, fête de la séraphique vierge d'Avila. Cette coïncidence est à noter. L'œil distrait des hommes de peu de foi n'y verra sans doute qu'une combinaison fortuite; mais nous, fils de la lumière, nous y admirons une de ces délicatesses de la divine Providence qui, pour éclairer les âmes et les attirer, dispose les moindres détails et les fait servir à son noble labeur de sanctification. Communier, pour la première fois, en la fête de sainte Thérèse de Jésus, n'était-ce pas pour Philomène un rapprochement d'une souveraine éloquence! Et ne pouvons-nous pas y voir nous-mêmes l'annonce symbolique des projets de Dieu sur cette enfant de prédilection, qui devait, elle aussi, comme Thérèse de Jésus, connaître peu à peu de l'amour divin la céleste douceur et l'ineffable martyre?

Ce qui se passa, à cette première visite, entre l'âme de Philomène et le Dieu de son amour; de quels trésors l'Hôte divin récompensa l'hospitalité reçue dans ce cœur si bien préparé; quelle fut l'intimité de cette union que le Sauveur lui-même compare à son union avec son Père? Nous ne saurions le dire, et d'ailleurs, pour le dire, ne faudrait-il pas la langue du ciel?

La servante de Dieu elle-même, malgré les lumières d'en haut, malgré son expérience personnelle de ces merveilles divines, s'est reconnue incapable d'en rendre compte. Elle déclara simplement qu'aussitôt après avoir reçu en son cœur Jésus-Hostie, elle se sentit comme inondée d'un torrent d'ineffables délices, à tel point qu'elle perdit l'usage de ses sens, et demeura en cet état pendant plus de dix-huit heures.

Son confesseur, qui connaissait toute l'humilité de la servante de Dieu, et son invincible répugnance à manifester les faveurs extraordinaires de son divin Époux, n'hésita pas à donner à cette *défaillance* son vrai nom en l'appelant un ravissement céleste; et la servante de Dieu, forcée plus tard par la sainte obéissance, avoua qu'elle avait été effectivement ravie en esprit, et favorisée, dans son ravissement, d'une grâce de lumière, impérieuse et douce, qui fixa, dès ce moment, sa donation entière à Notre-Seigneur par Marie Immaculée.

« Je sentais en moi, écrit-elle, un recueillement plus intime que d'ordinaire, et j'avais une claire vision de l'Immaculée-Conception de la Très Sainte Vierge Marie : c'est à ce moment que je me levais de mon lit (1) pour aller me prosterner devant une image de la Reine du ciel. Je lui exprimai, sans paroles, l'ardeur qui embrasait mon âme dans ce travail divin que je ne puis expliquer. Jésus, alors, m'accorda une manifestation très claire et très haute de la Conception Immaculée de Marie ; et en même temps, je compris la beauté de la virginité, et les prédilections que la Sainte Vierge a pour elle. Attirée, entraînée par une force irrésistible vers cette beauté radieuse, je promis à Marie de suivre ses traces, je veux dire que, toute joyeuse, je lui consacrai ma virginité et

(1) Elle avait été forcée par ses parents, au retour de l'église, de se mettre au lit, tant elle paraissait affaiblie.

toutes les affections de mon cœur, la choisissant pour ma très douce Mère, et m'offrant à elle pour toujours comme son humble enfant. Et pendant cette offrande, mon cœur se fondait d'amour (1). »

Par ces paroles si simples et si précises, on peut voir de quel tendre amour Dieu poursuivait cette âme, puisqu'il la comblait de pareilles faveurs : amour auquel répondait Philomène avec toutes les puissances de son âme et toute l'ardeur de son cœur. Ne faut-il pas aussi en conclure que Dieu, pour s'attacher si intimement cette âme ardente, pour lui faire suivre des voies si extraordinaires, se devait à lui-même de la combler de ses délices ? car qui aime beaucoup donne beaucoup.

Cette longue extase ou plutôt, pour parler comme Philomène, cette étrange défaillance ne pouvait pas ne pas provoquer l'attention des bonnes gens de Mora. A plus de trente ans de distance, Françoise Vendrell, cousine germaine de Philomène, se fit, devant les juges apostoliques, l'interprète de l'admiration qui se produisit alors.

« Ma mère — que Dieu ait son âme ! — alla visiter Philomène l'après-midi du jour de sa Première Communion, durant les dix-huit heures qu'elle resta dans cet état d'extase ou de défaillance, et elle se rendit compte minutieusement de cette grande étrangeté. J'y allai, moi aussi, le lendemain, mais je la trouvai remise et pleine de joie comme à l'ordinaire. »

Avant sa Première Communion, Philomène était déjà saintement éprise de l'angélique beauté de la vertu des vierges : dès sa plus tendre jeunesse, elle avait pratiqué,

---

(1) Manuscrit du 10 novembre 1836.

par un instinct baptismal, si je puis ainsi dire, par un attrait impérieux, les vertus des saints, vertus qu'elle ne connaissait encore que de nom. Puis, à mesure qu'elle croissait en âge, elle croissait également en sagesse et en ferveur; et Dieu, qui se plaît à prévenir les pieux désirs de l'âme qui tend à la perfection, l'inondait chaque jour de plus grandes lumières pour accroître ses mérites.

Par cette vision, la Reine des Vierges voulut montrer qu'elle avait choisi Philomène pour son service. Déjà, nous l'avons vu, elle avait inspiré à sa mère la pensée de lui consacrer son enfant, lorsqu'elle la portait encore dans son sein. Il fallait donc, pour compléter cette consécration maternelle, pour seconder les desseins de son Fils, qu'elle inspirât à l'enfant de ratifier, par l'oblation spontanée de soi-même, dans une perpétuelle virginité, la donation qui avait précédé sa naissance.

CHAPITRE III

L'ENFANT CONSACRÉE

PHILOMÈNE N'APPARTIENT PLUS A SES PARENTS, MAIS A DIEU — LE CHOLÉRA — PHILOMÈNE SE MEURT — L'APPEL A SAINTE PHILOMÈNE — LA GUÉRISON INSTANTANÉE — VIE RENDUE : DONC VIE D'AMOUR ET DE SOUFFRANCES — UNION PLUS INTIME AVEC JÉSUS — LES CONSOLATIONS PRÉPARENT LES TRIBULATIONS — PURIFICATIONS PASSIVES — LES NUITS SUR LE SOL — ORDRES SÉVÈRES DE JOSEFA — DÉSOBÉISSANCE INVOLONTAIRE DE PHILOMÈNE — ÉTRANGE MALADIE DE L'ESTOMAC — LES REMÈDES DES MÉDECINS ET LES RECETTES EMPIRIQUES DES BONNES FEMMES DE MORA — LES DURETÉS DE JOSEFA ENVERS SA FILLE — UN SOUFFLET — BIZARRERIE DANS LA MALADIE DE PHILOMÈNE — SES TENTATIONS.

Une année s'était à peine écoulée depuis la Première Communion de Philomène, que Dieu, pour l'attirer à lui de plus en plus et l'attacher plus étroitement à son amour, voulut l'éprouver dans le creuset de la tribulation. Il fallait d'ailleurs faire comprendre pratiquement à ses parents qu'ils avaient perdu tout droit sur leur fille, depuis qu'ils la lui avaient consacrée avant sa naissance; que sa vie ne leur appartenait plus, puisque, désormais, leur enfant n'allait vivre que par un miracle prolongé; il fallait, en un mot, que ses parents si chrétiens acceptassent, dans une humble et reconnaissante soumission, les dispositions divines sur cette enfant qui leur était si chère. L'agent de Dieu, en cette circonstance, fut, pour l'enfant et pour les parents, le choléra qui faisait alors d'horribles ravages dans toute l'Espagne, mais principalement dans la petite ville de Mora. Philomène se vit attaquée du fléau : la violence et la force du mal furent telles, qu'en peu de temps, après des douleurs inouïes et d'horribles convulsions, l'enfant fut réduite à l'extrémité. Josefa, qui l'assistait avec cette sollicitude et cette tendresse dont un cœur de mère a seul le secret, voyant son visage défiguré, ses yeux enfoncés et complètement éteints, ses joues couvertes d'une pâleur mortelle, ses lèvres livides et sèches, tous ses membres raidis et sans mouvement, crut qu'elle avait expiré, et la recouvrit du linceul mortuaire, n'espérant plus la revoir que dans l'éternité.

Agenouillée, ou, pour mieux dire, affaissée devant le corps virginal de sa fille, la pauvre mère repassait, dans une sorte de rêve douloureux et à demi inconscient les détails de cette jeune vie sitôt brisée. Elle se rappelait surtout cette mystérieuse impulsion qui l'avait poussée à consacrer à Dieu, même avant sa naissance, cette enfant de bénédictions. Et alors, la même impulsion, la même force impérieuse l'incite à recourir à l'intercession de sainte Philomène : « Elle portait votre nom, ô grande Sainte, s'écrie la mère dans un élan de foi sublime, elle appartenait à Dieu entièrement : rendez-lui la vie, rendez-moi mon enfant ! » O miracle d'amour et de foi ! A ce cri, la jeune Philomène, comme si elle sortait d'un profond sommeil, ouvre les yeux, et reçoit dans ses bras sa mère ivre de joie. Le soir du même jour, la jeune convalescente put, sans aucun secours, s'approcher de la fenêtre pour vénérer la statue de saint Roch portée processionnellement dans les rues de la ville.

Au récit de sa mère, lui racontant peu après le mode et l'instantanéité de sa guérison, pour ne pas dire de sa résurrection, Philomène eut une révélation qui fixa plus nettement encore le but ultérieur de sa vie, cette vie qui venait de lui être miraculeusement rendue : pour Dieu, entièrement pour lui, et pour lui seul ! « Je me meurs de ne pouvoir mourir », disait la vierge d'Avila dans les transports de son amour; celle de Mora devait dire aussi, dans l'intérieur du cœur : « Je vivrai sans mourir, et je mourrai en vivant d'amour, d'expiation et de souffrances ». A dater de cette période, son union avec Dieu fut plus présente et plus pressante, sa ferveur plus active, et plus intense, son désir de faire du bien, de glorifier le divin Maître. Elle aurait voulu tenir dans ses mains tous les cœurs des hommes pour les porter aussitôt dans le Cœur de Jésus, qui les veut embrasés de ses célestes flammes; et le divin Cœur, à son tour, récompensait ses désirs séraphiques, par des consolations plus douces et des lumières plus radieuses.

L'heure, cependant, devait bientôt venir où le Maître offrirait à sa soif d'amour, non plus les suavités de cette ineffable union, mais le calice d'amertumes. Pour les âmes privilégiées, les joies sensibles sont habituellement, dans la vie intérieure, une halte rapide, une simple pause qui les prépare à de nouvelles et plus dures souffrances. Et ce mode de labeur divin en elles, loin d'être de la part de Dieu, comme le fait justement observer le confesseur de Philomène, un indice de mécontentement ou d'abandon, est, au contraire, un admirable témoignage de ses prédilections persistantes et fécondes.

L'affection trouve l'égalité ou bien l'établit entre ceux qu'elle unit. Dieu lui-même, dans son infinie bonté, a voulu s'assujettir à cette loi : il s'est fait notre égal, il s'est abaissé jusqu'à nous pour nous élever jusqu'à lui. De là, dans les âmes privilégiées, ce désir de s'élever jusqu'au divin Modèle par l'imitation de ses souffrances. Il a souffert pour moi, je dois souffrir pour lui. C'est la logique du cœur de l'homme et du cœur de Dieu, logique dont la conclusion sera l'éternelle joie en Dieu et pour Dieu.

Ce désir de souffrances, bien délibéré pourtant et bien profond dans le cœur de Philomène, se traduisit d'abord par des manifestations moins actives que passives, et sur lesquelles on n'est pas sans éprouver, de prime abord, un certain étonnement. Il arrivait souvent que Philomène restait dans son lit, en plein hiver, sans se protéger contre les rigueurs du froid : plusieurs fois même on la trouva, en simple robe de nuit, dormant sur le plancher de sa chambre. A cette découverte, Josefa réprimanda sérieusement sa fille, qui compromettait ainsi, disait-elle, sa santé déjà si délicate, et lui défendit ses austérités qu'elle appelait des caprices et des désobéissances.

Pour couper court à tous les prétextes, elle lui enjoignit de se mettre au lit dès qu'elle entrerait dans sa chambre, sans méditation, sans aucune prière surérogatoire, puisque la prière du soir se faisait en commun. Philomène n'hésita pas un seul instant à se soumettre aux injonctions de sa mère : mais, de fait, elle fut encore trouvée, et à bien des reprises, grelottante, dans un demi-sommeil, au bas de son lit.

Devant la colère bien légitime (1) et les reproches de sa mère, la pauvre enfant protestait de sa ponctualité à se mettre au lit dans les conditions et à l'heure voulues, et ne savait pas s'expliquer pourquoi elle était étendue sur le sol : mais cette excuse ne calmait les inquiétudes, ni n'arrêtait la vigilance de Josefa qui pouvait de moins en moins comprendre comment son enfant, si docile et si franche, résistait ainsi de fait aux ordres les plus justes et les plus explicites. De son côté, Philomène souffrait mort et passion en voyant l'affliction de sa mère, et de plus, elle se reprochait à elle-même ces mortifications qui, faites contre l'obéissance, étaient, comme l'assurait sa mère, non pas pour Dieu, mais pour le démon.

Cette épreuve ne cessa que pour faire place à un autre genre de souffrances. L'Ouvrier divin voulait pousser son travail d'embellissement avec une activité proportionnée à ses prédilections, à la générosité de Philomène, et aussi aux douceurs dont il l'avait inondée.

Une atonie complète de l'estomac, dont on ne put ni découvrir la cause, ni définir le caractère, amena, en peu de temps, une impuissance absolue à supporter le moindre aliment. Si, par hasard, cédant aux instances de sa mère,

---

(1) Le premier biographe de la servante de Dieu semble blâmer Josefa de sa rigueur envers Philomène. Il faut pourtant bien reconnaître que Josefa, malgré sa piété, avait à surveiller la santé de son enfant, et non pas à examiner si les desseins secrets de Dieu imposaient à Philomène telle ou telle forme de mortification. La vérité est donc que Dieu, tout en voulant ces austérités, bénissait à la fois et la vigilance de la mère, et la docilité même inefficace de l'enfant.

Philomène essayait, malgré ses répugnances, de prendre une nourriture plus substantielle, son estomac se soulevait aussitôt : de violentes nausées, suivies d'un tremblement nerveux de tout le corps, la laissaient, pendant de longues heures, endolorie et épuisée.

En esprit d'obéissance, elle suivait ponctuellement le traitement qui lui était imposé et qui paraissait le mieux adapté à son état ; mais tous les remèdes, tous les soins provoquaient des souffrances plus vives et faisaient empirer le mal. Tel était le résultat visible. Quant au résultat invisible et surnaturel, Dieu seul pourrait dire les actes héroïques de patience douce et résignée de sa généreuse servante. Pas la moindre plainte ; aucune parole irritée ou découragée : son visage même gardait, par delà les contractions de la douleur, l'expression souriante qui disait la paix de son âme.

Aux souffrances physiques vinrent bientôt se surajouter les afflictions morales, et des afflictions telles que la chère patiente aurait dû, semble-t-il, en être brisée, car elles l'atteignaient dans son amour filial.

Josefa, avec cette sollicitude inquiète et surmenée qui accompagne trop souvent le dévouement maternel, était constamment en éveil pour obliger Philomène à une régularité méticuleuse dans son traitement : potions ordonnées par les médecins, recettes empiriques indiquées par les bonnes femmes de Mora qui, pour cette maladie, avaient chacune une demi-douzaine de remèdes infaillibles ; la pauvre patiente devait tout accepter, tout subir. A chaque nouvel essai, les maux d'estomac devenaient plus violents, et la répugnance de Philomène était parfois insurmontable. Sa mère, alors, découragée de l'insuccès, commença à prêter l'oreille aux insinuations des voisines qui ne voulaient pas admettre l'inefficacité de leurs merveilleux topiques : l'enfant n'était pas malade, ou plutôt tout son mal était imaginaire ; ses répugnances, un manque de docilité ; ses nausées, une affectation ou un caprice. De là, de la part de sa mère, des instances plus vives, puis des réprimandes assez dures, et enfin des récriminations incessantes qui brisaient le cœur de la pauvre enfant. « Ma mère, écrit Philomène, me disait que ma désobéissance abrégeait ses jours, que j'étais cause pour elle d'une continuelle affliction, et que tout était folie d'imagination de ma part ; à peine avais-je pris quelque médecine, qu'aussitôt, elle revenait à la charge avec une autre (1). »

Un jour, Philomène prenait sa mantille pour aller à l'église. Sa mère, qui voyait sans doute dans cette sortie une grosse imprudence, s'approche d'elle et la frappe au visage. La sainte enfant, devant cette violence inattendue, laissa à peine sa surprise s'exprimer par un long regard d'étonnement ; mais, calme et résignée, elle renonça aussitôt à sa visite à l'église, sans faire aucune objection, sans demander aucune explication. Retirée dans sa chambre, elle sentit en son âme un mouvement impérieux de reconnaissance envers Notre-Seigneur, qui la trouvait digne de souffrir quelque chose pour son amour.

Là ne devait pas s'arrêter l'épreuve : la maladie attaquait la santé de Philomène, les traitements de sa mère brisaient son cœur ; le démon allait livrer à sa piété

---

(1) Manuscrit du 10 novembre 1846.

même un terrible assaut. Ce furent d'abord des tentations de découragement qui se traduisaient par des doutes sur la bonté de Dieu envers elle, sur la protection de sa Mère du ciel; puis une intuition très nette des moindres duretés de sa mère à son égard. Elle était constamment obsédée par cette double pensée, que Dieu ne l'écoutait pas, et que sa mère la rudoyait de parti pris. La pieuse enfant luttait avec toute l'énergie de sa foi contre la désespérance, et avec toutes les tendresses de son amour filial contre cette répulsion instinctive que lui causait la seule vue de sa mère.

Quand la tentation était plus forte, Philomène prolongeait son oraison, et ses appels désespérés à la miséricorde de Dieu lui obtenaient, non le calme, mais la force de rester fidèle et de bénir quand même la bonté divine, qui n'était plus à ses yeux que l'implacable justice. Toutefois, le Seigneur qui, à la plume de l'oiseau mesure le vent, et à ses privilégiés le degré de la souffrance, mit un terme au côté filial de l'épreuve. Josefa, toujours anxieuse dans ses inquiétudes et son dévouement de mère, ne changea en rien vis-à-vis de Philomène; mais celle-ci eut une lumière qui lui révéla que Dieu se servait précisément de la sollicitude inquiète de sa mère pour éprouver sa confiance et augmenter ses mérites.

Cette intuition consola grandement la sainte enfant, et ajouta à sa tendresse filiale un certain sentiment de vénération religieuse envers sa mère, coopératrice de Dieu dans ces épreuves sanctifiantes. Les instances obsédantes de Josefa, ses duretés transitoires, comme plus tard son âpre opposition aux projets de vie claustrale, furent pour Philomène une source de mérites. Elle en souffrit, mais elle ne s'en troubla jamais plus.

Les procédés de Josefa envers sa fille ne doivent en rien amoindrir, aux yeux du lecteur, le mérite de cette chrétienne, si vaillante et si dévouée. Trop pieuse pour ne pas se soumettre de plein cœur aux desseins de Dieu sur Philomène, elle n'était pourtant pas tenue de sonder, et moins encore de deviner, les formes du travail providentiel dans cette âme de prédilection.

Tout, d'ailleurs, concourait à persuader Josefa qu'il y avait, en cet état maladif, des inconséquences et des bizarreries humainement inexplicables. Philomène mangeait à peine de quoi ne pas mourir de faim, et pourtant elle grandissait et se développait. Son estomac ne supportait aucune nourriture; et le teint restait frais et rose, le regard vif et doucement reposé. Des accès de mortelle langueur la laissaient sans force, abattue et endolorie dans toutes les fibres de son être; et, sans transition, elle reprenait avec entrain les besognes les plus fatigantes pour une jeune fille d'une éducation délicate.

Comment croire à une maladie réelle devant ces apparences de la santé la plus florissante? santé qui mettait en relief la beauté fière de la pieuse enfant.

Ce fut cette beauté exceptionnelle qui devint pour Philomène une occasion de luttes et aussi de victoires. Elle s'était donnée à Dieu, ses fiançailles éternelles étaient fixées, et nulle affection profane ne pouvait trouver place dans ce cœur qui était comme celui d'Agnès, la douce Vierge romaine, rempli de l'Unique, de l'Époux dont la tendresse même nourrit la virginité (1). Aussi,

(1) Office de sainte Agnès, V. et M.

le démon, n'espérant pas tromper la servante de Dieu par ces sympathies toutes naturelles, qui, même en ne souillant pas les âmes, les affadissent pourtant et les énervent, voulut, après bien des luttes pénibles, tenter un assaut décisif.

Philomène rentrait un jour à la maison. Deux jeunes gens de bonne mine, élégants et bien faits, étaient sur son chemin. A leur approche, Philomène sentit comme un souffle mauvais envahir l'intérieur de son être. « Oh! qu'elle est ravissante! » dit l'un des jeunes gens : puis, de leurs mains enlacées, ils lui barrent le passage et se pressent contre elle. « Misérables! » s'écrie la pieuse fiancée de Jésus, en même temps que son regard implorait le ciel, et que sa main traçait un grand signe de croix. A l'instant, les deux jeunes gens disparaissent comme une fumée noirâtre, en proférant contre Jésus et sa servante d'horribles imprécations.

Que pouvait le démon contre celle que Dieu lui-même, le Dieu jaloux et puissant autant que bon, réservait à ses prédilections? Ces assauts, et bien d'autres d'un genre moins brutal, mais non moins périlleux, ravivaient au cœur de Philomène la confiance absolue en son divin Epoux, au point qu'elle en arriva bientôt à ne pas même faire attention aux suggestions les plus vilaines et les plus troublantes. Que d'âmes se découragent qui, par cette confiance en Dieu et ce dédain du Mauvais, auraient trouvé la victoire et la paix!

CHAPITRE IV

LA VOCATION

PREMIÈRES OUVERTURES SUR LA VOCATION — OPPOSITIONS DE JOSEFA — PHILOMÈNE ASTREINTE AUX TRAVAUX DOMESTIQUES — SUGGESTIONS DU DÉMON — SANTÉ ALTÉRÉE — LES TROIS JEUNES PAR SEMAINE — JOSEFA MODIFIE SES PROCÉDÉS A L'ÉGARD DE PHILOMÈNE — LE MONASTÈRE DE VALLS — LE CURÉ DE PLA — « VOUS SEREZ NOTRE SŒUR » — JOSEFA CONDUIT SA FILLE AU MONASTÈRE — « OH! MES MURS, MES CHERS MURS! »

Des secours, moins sensibles, mais non moins efficaces, allaient être nécessaires à Philomène pour soutenir de nouvelles luttes et préparer, par son entrée en religion, la consommation terrestre de son éternelle donation.

Philomène avait atteint sa seizième année. Depuis longtemps, elle manifestait, d'une façon timide et hésitante, les aspirations de son cœur à la vie claustrale. Josefa lui répondait invariablement que sa santé trop délicate ne lui permettait même pas l'essai de la vie religieuse. « On n'a pas besoin dans les communautés, disait-elle, de faire collection d'impotentes; et moins encore, ajoutait-elle parfois dans ses moments d'humeur, de jeunes filles entêtées et exaltées. » Un jour, après des instances plus pressantes, la mère répondit en affirmant brusquement à sa fille, soit par conviction, soit dans une arrière-pensée d'épreuve, qu'elle ne croyait pas à sa vocation. « Toutes tes pénitences, tes austérités, tes maladies capricieuses, sont à mes yeux des indices, non de l'adorable volonté de Dieu, à laquelle je veux en tout me soumettre, mais uniquement de ton esprit exalté : et je suis tenue de faire mon possible pour calmer toutes ces effervescences. » Josefa, on a déjà pu le remarquer, était femme de volonté, comme chrétienne de grand cœur : *mulier fortis*, au double sens de ce mot. Aussi, sans hésiter, elle lutta dès lors avec une énergie bien intentionnée sans doute, mais bien douloureuse pour sa fille, contre tout projet de vie religieuse. Elle traça sur-le-champ à Philomène une ligne de conduite à laquelle la pieuse enfant se soumit sans demander aucune explication, sans se permettre la moindre plainte : rompre toute relation ultérieure avec une pieuse dame, D. Maria Galanda y Serres, avec qui, de temps à autre, elle s'entretenait de choses spirituelles ; aller à l'église les dimanches et jours de fête seulement, comme toute bonne chrétienne ; mais ne plus penser à ces visites, à ces longues prières durant les jours ordinaires. « Et puisque tu es assez forte, ajouta Josefa, non sans quelque âpreté, pour te faire religieuse, tu dois l'être aussi pour t'occuper dans la maison. » La femme de service fut donc renvoyée, et Philomène dut se charger des besognes les plus fatigantes de la vie domestique.

C'est visiblement à ces procédés de Josefa que se rapporte la déposition suivante de D. Maria Esplugar y Payal, compagne d'enfance et de classe de Philomène. « Il me conste pleinement de l'admirable obéissance de Philomène pendant sa jeunesse ; car, à sa mère, qui la traitait très durement, elle ne désobéissait jamais. Bien plus, un simple signe de sa mère lui suffisait pour qu'elle quittât aussitôt ses compagnes et se retirât à la maison.

» En classe, elle était très obéissante à notre maîtresse, qui était alors une tante à moi, Thérèse Serra-Rosello, aujourd'hui défunte : et je me rappelle fort bien que ma tante nous donnait toujours Philomène comme modèle en nous disant : Vous devriez être toutes comme Philomène. Quant à Josefa, je suis certaine qu'elle a fait subir bien des épreuves à sa fille et que ce fut à cette fin qu'elle congédia la servante de la maison et la fit remplacer par Philomène. » Le témoin insinue pourtant que la mère de son amie agissait ainsi, non par petitesse ou méchanceté, mais uniquement pour s'assurer de la vocation de sa fille. Parmi les pieuses amies ou connaissances avec lesquelles Philomène, sur l'ordre de sa mère, dut briser toute relation, nous ne pouvons pas ne pas mentionner la servante du curé de Pla, Françoise Miralles. Cette bonne fille avait, sans doute, toutes les qualités, mais probablement aussi quelques-uns des défauts de ses semblables, notamment une pointe bien marquée de curiosité et d'indiscrétion. Elle savait que Philomène aspirait de toute son âme à la vie religieuse; mais elle savait aussi que sa mère faisait opposition à ce désir, à cause des mortifications capricieuses, disait-elle, de sa fille. Françoise, nous le supposons, devait encourager la sainte enfant, mais elle aurait voulu, de sa part, des confidences plus entières, surtout sur le chapitre des austérités que sa mère lui défendait. Mais Philomène, malgré son expansion souriante et joviale, paraissait peu disposée à soumettre ses pratiques de piété au contrôle de sa vieille amie. Cette réserve piquait de plus en plus la curiosité de celle-ci. Certains indices lui faisant supposer que Philomène portait un cilice, elle voulut du moins, par mille petites habiletés toujours déjouées, se rendre compte de ce détail. Un jour, n'y tenant plus, elle dit à brûle-pourpoint à sa jeune amie : « Mais, Philomène, vous portez un cilice! — Un cilice, moi! répliqua aussitôt la vaillante jeune fille, un cilice, moi! mais vous ne savez donc pas que je ne puis même pas supporter la piqûre d'une mouche? » La pauvre Françoise fut complètement déroutée par cette réponse dont elle ne saisit aucunement l'humble habileté.

Mais, avec Josefa, les réponses fuyantes n'auraient eu qu'un mince succès. Les ordres étaient catégoriques : sa fille n'avait qu'à s'y soumettre.

A partir de ce moment, plus de lectures spirituelles, plus d'exercices particuliers dans sa chambre, peu ou point de visites au Saint-Sacrement; Philomène trouvait à peine le temps de s'acquitter de ses devoirs de maison, et de s'approcher de loin en loin de la Table Sainte. De là un appauvrissement progressif dans son âme qui, sans être moins unie à Dieu, ne sentait plus cette union et n'avait plus les commodités spirituelles qui en sont l'aliment.

Aussi le démon, vaincu en tant d'autres circonstances, voulut profiter de cette situation douloureuse pour détourner la vaillante enfant de la vie religieuse. Ses suggestions attaquèrent en plein le fait même de sa vocation, qui lui était représentée comme une rêverie d'imagination, une simple prétention de jeune fille qui veut sortir des voies ordinaires, au lieu de se contenter d'être, comme tant d'autres qui la valaient bien, une bonne mère de famille. Pourquoi, d'ailleurs, Dieu l'aurait-il appelée à la vie religieuse? Une vie si parfaite demande des âmes d'une autre trempe que la sienne; au reste, la faiblesse de sa constitution physique ne lui permettait pas d'aspirer à une vie si mortifiée. Après le premier moment de ferveur, le dégoût et les angoisses s'empareraient d'elle; et, sans aucun doute, le salut éternel de son âme courrait un immense danger, si elle s'obstinait à vouloir embrasser un état de vie qui n'était pas fait pour elle.

A ces perfidies du démon, le bon Maître n'opposait, dans l'âme de sa servante, qu'un attrait persistant, mais de moins en moins sensible. Cette grâce de vie religieuse, Philomène devait l'acheter, en quelque sorte, avant de l'avoir obtenue. Mais cette lutte intime l'épuisait; ces souffrances renaissantes, dont Dieu et sa mère étaient les agents, brisaient son cœur et ses forces; elle succomba. La volonté resta droite et sans défaillance; mais la vigueur physique fit défaut. Philomène ne travaillait plus que par un violent effort de volonté, à chaque instant renouvelé; son visage perdit ses fraîches couleurs, et il devint bientôt visible que sa santé était profondément altérée.

Les mères, par l'instinct mystérieux de leur cœur, devinent les souffrances de leurs enfants. Josefa ne s'aperçut même pas que son enfant dépérissait à vue d'œil; tout au moins, elle sembla ne pas le comprendre, et attribua cette faiblesse à de nouveaux caprices. Philomène, disait-elle, se fatiguait volontairement par son incessante tension d'esprit toujours occupé de la vie religieuse, qui la délivrerait de l'autorité de sa mère et des travaux domestiques.

Si la pauvre enfant avait pu trouver au moins quelque consolation auprès de son Père spirituel! Mais celui-ci, homme de science et de zèle, comprenant que Philomène était appelée à une haute perfection, se préoccupait très peu de la consoler, et beaucoup de la tenir dans l'humilité; de telle sorte que sa fille spirituelle, timide et discrète, osait à peine lui laisser entrevoir les agonies qui la consumaient.

La situation était donc inextricable; il fallait que Dieu intervînt; et son intervention, comme d'ordinaire, déjoua toutes les prévisions. Philomène, voulant faire appel à la miséricorde divine, demanda un jour à sa mère de lui permettre trois jeûnes par semaine; et Josefa, au grand étonnement de sa fille, y consentit sans la moindre récrimination. La soumission de l'enfant et la condescendance de la mère furent aussitôt récompensées. A la première semaine des jeûnes, la santé de Philomène éprouva une amélioration sensible: les couleurs revinrent à son visage abattu, et les forces se rétablirent. Josefa la déchargea en partie des travaux domestiques, lui laissant ainsi une plus grande latitude pour les exercices de piété qu'elle ne blâmait plus et qu'elle partageait souvent; et, plus d'une fois, on la surprit, enveloppant des plus tendres regards cette enfant bénie qu'elle avait fait souffrir sans le vouloir, du moins sans cesser de l'aimer. Philomène, de son côté, pressentait, à la paix de son âme, que cette épreuve de trois ans allait finir; et, dans les moments de prière inconsciente, son regard entrevoyait le monastère, encore ignoré pourtant, qui serait le lieu de son repos, et elle attendait l'heure de Dieu. L'heure et le lieu furent indiqués par une circonstance en apparence insignifiante.

D. Dominique Folch, curé de Pla de Cabra, paroisse voisine de Valls, alla un jour visiter, à Valls, la Supérieure des religieuses Minimes déchaussées. La communauté venait de perdre une religieuse choriste, et la Prieure, en apprenant ce deuil au curé de Pla, lui demanda s'il ne connaîtrait pas une jeune fille appelée à la vie religieuse, douée de quelque talent musical et un peu exercée au chant. Or, à cette époque (1859), et depuis plusieurs années, Philomène habitait la petite ville de Pla, où son père s'était transféré pour les travaux de son art; et son directeur spirituel était précisément ce curé de Pla qui savait que Philomène avait reçu de son père, aussi bon musicien qu'excellent sculpteur, des notions assez complètes de musique et de chant.

Son esprit de foi lui fit voir dans cette coïncidence une indication providentielle. Il alla sans retard parler aux époux Ferrer de la vocation de leur fille, et leur offrit de présenter lui-même Philomène comme Sœur de chœur, au monastère de Valls.

Félix Ferrer, absorbé par ses travaux de sculpture et connaissant, d'ailleurs, les précieuses qualités de sa femme, se reposait pleinement sur elle des questions d'intérieur. Mais, à cette proposition, le cœur du père — et ce père aimait tant cette fille aînée! — fit taire pour un moment les sentiments du chrétien. Josefa, elle, recueillie et attendrie, se taisait. Le curé parlait avec âme, car il était convaincu de la vocation de Philomène; et son plaidoyer finit par obtenir un demi-consentement, c'est-à-dire que le père de Philomène autorisa une visite au monastère de Valls, avec l'arrière-pensée que les religieuses, informées de la pauvre santé de la postulante, refuseraient de la recevoir.

Ce fut le contraire qui arriva. La Supérieure, à cette première entrevue, se sentit puissamment attirée vers cette jeune fille, moins à cause de ses connaissances musicales que de cette mystérieuse empreinte que le travail de Dieu laisse dans une âme, empreinte plus facile à deviner qu'à exprimer. « Vous serez notre sœur », dit-elle simplement à Philomène. Un regard, profond comme les cieux, doux comme un rayon matinal, fut la réponse de la sainte enfant.

Les préparatifs pour l'entrée définitive au monastère furent bientôt terminés, grâce surtout à l'activité de Josefa qui, le cœur brisé, mais heureux devant ce sacrifice, disait *non* par ses larmes de mère et *oui* par sa foi de chrétienne. Ce fut elle-même qui voulut conduire Philomène à Valls. La mère et la fille parlaient peu : les grandes émotions sont silencieuses ; mais, sur le seuil du monastère, Josefa, prenant les mains de son enfant et la regardant avec une tendresse infinie, comme si elle avait voulu faire passer son âme dans la sienne, lui rappela sa consécration anticipée à la Sainte Vierge : « Entre, ma fille, dans ce cloître pour t'y consacrer à Dieu, et remplir ainsi la promesse que je fis à la Vierge Marie, avant ta naissance. » Et aux religieuses qui venaient recevoir leur nouvelle sœur, Josefa, sans larmes mais avec une émotion poignante, jeta plutôt qu'elle ne prononça ces paroles de sainte fierté : « Je vous donne ma fille ; elle est pure comme au jour de son baptême. Ma fille! oh, ma fille! » Et, après ces brusques adieux, la porte du monastère se referma sur celle qui n'en devait plus franchir le seuil.

Philomène fut reçue avec allégresse. Toutes les religieuses avaient comme un pressentiment que cette postulante serait pour le monastère une bénédiction. Mais la joie la plus vive fut celle de Philomène; joie de l'âme qui, enfin, respire, du cœur qui s'épanouit, de la vie qui se fixe dans la paix; joie de l'exilé qui, sans être encore dans sa patrie, en voit déjà les portes et en entend les échos. Sainte Madeleine de Pazzi, dans son bonheur d'appartenir à Dieu, de vivre dans *sa* maison, parcourait, comme hors d'elle-même, les cloîtres de son Carmel florentin en s'écriant: « Oh! mes murs, mes chers murs! » et elle les baisait!

Des savants sans vraie doctrine, des sentimentalistes sans cœur, ont voulu rire de cet enthousiasme stupide, disent-ils, de la patricienne florentine. Eh bien! oui: nous, les fils et les filles du cloître, nous les aimons, nos murs, nos longs corridors à demi-jour, nos cellules blanchies à la chaux; nous aimons nos usages surannés et les mots vieillis, les chers mots qui les gardent et les font vivre. En quoi ces mots et ces choses, et l'affection que nous leur gardons, en quoi tout cela peut-il déranger vos usages à vous, ces usages que nous ne blâmons jamais s'ils ne sont coupables? En quoi tout cela peut-il gêner le bonheur que vous cherchez et que vous fixez à votre goût et à votre taille?

CHAPITRE V

LE NOVICIAT ET LA PROFESSION

LE BONHEUR DE LA POSTULANTE — L'ÉPIDÉMIE DANS LE MONASTÈRE — MÈRE SURVEILLANTE ET SES OBSERVATIONS AIGRES-DOUCES — PHILOMÈNE EST ADMISE AU NOVICIAT, 29 MARS 1860 — SŒUR PHILOMÈNE DE SAINTE-COLOMBE VEUT SE HATER D'ÊTRE SAINTE — SON ESPRIT RELIGIEUX — LES STRATAGÈMES DE MÈRE SURVEILLANTE — LA LIBERTÉ DU CHOIX — « VENIS AD CRUCIFIXUM ? » — LA PROFESSION, 4 AVRIL 1861, VINGTIÈME ANNIVERSAIRE DE SON BAPTÊME.

Le bonheur que Philomène cherchait et trouvait dans le cloître était si doux et si intime qu'il donnait à tout son être un nouvel élan, et à sa parole même une note de fraîche poésie. Le cloître était à ses yeux un « jardin fleuri et embaumé, un paradis de délices » où son âme allait de beauté en beauté. Son humilité lui représentait la perfection religieuse « comme une très haute montagne, tandis qu'elle errait encore à travers la plaine ». Mais elle espérait que, soulevée sur les ailes d'une pieuse ferveur, et soutenue par l'amour divin, elle parviendrait jusqu'au sommet. Elle était de celles qui, déjà très unies à Dieu, entrent dans la voie plus intime de l'immolation, *corde magno et animo volenti*, de grand cœur et de toute la volonté de leur âme.

Son confesseur, qui devait être plus tard son biographe, ne tarda pas à comprendre la richesse de cette âme. « En quelques semaines, dit-il, je pus entrevoir qu'il se passait des choses extraordinaires dans le cœur de ma pénitente. J'admirais la clarté, la précision et la discrétion avec lesquelles elle parlait des choses de Dieu et de son âme. Je me sentais ému et attendri à ses témoignages de vive douleur pour les plus petits manquements qui constituaient à ses yeux des fautes très graves. Je voyais briller son humilité dans le soin même qu'elle mettait à la cacher, comme elle voulait cacher aussi les opérations de la grâce dans son intérieur. »

L'occasion s'offrit bientôt à la jeune postulante de traduire en acte ce besoin qu'elle sentait de se dévouer, par amour pour Dieu. Une maladie contagieuse se déclara dans le monastère. Plusieurs religieuses furent atteintes simultanément, et celles que le mal épargna devaient suffire à la fois aux observances claustrales et aux soins des infirmes. Philomène se multipliait : on la voyait svelte, prompte, infatigable, courir de ci, de là, partout où sa présence pouvait être utile. Active sans agitation, empressée sans trouble, elle rendait à ses Sœurs, avec une prévenance toujours souriante, tous les services, même les plus humbles, que réclamait leur état d'infirmité.

La Mère surveillante, craignant sans doute que la jeune postulante, dont la santé avait besoin de ménagements, ne s'épuisât à cette besogne trop dure, voulut modérer son ardeur, et, en la modérant, l'humilier. Son empressement, lui dit-elle, fort louable en soi, pouvait devenir encombrant pour les malades. Une novice qui n'était encore que postulante n'avait pas à offrir ses soins, mais à attendre qu'on les lui demandât. Le mieux pour elle était de suivre les exemples de ses Sœurs aînées, laissant là tout désir de se distinguer des autres, même dans ce qu'elle supposait plus parfait.

Ces observations aigres-douces ne troublèrent en rien la vaillante novice. Elle se contenta d'expliquer à la Mère surveillante que cet empressement à soigner les malades était pour elle un besoin inné, un attrait naturel plus qu'un sentiment de vertu. C'est ainsi qu'à l'humiliation discrète de la Mère surveillante, elle ajouta un acte spontané d'humilité, en rapetissant en quelque sorte les mobiles qui l'inspiraient.

Après six mois de probation, pendant lesquels elle ne cessa d'édifier la communauté par son exactitude dans l'observance religieuse, par ses admirables exemples d'obéissance, de mortification et de recueillement, Philomène fut admise à la vêture et au noviciat proprement dit.

La cérémonie eut lieu le 29 mars 1860. Philomène avait atteint sa dix-neuvième année: et de ce passé si bien rempli, il ne restait plus que les mérites inscrits au Livre d'or du paradis: la fille de Félix Ferrer et de Josefa Galceran devenait, pour l'éternité, Sœur Philomène de Sainte-Colombe.

La grâce de la vêture religieuse excita dans le cœur de Sœur Philomène une ardeur plus intense, qui lui rendait faciles et les exercices ordinaires du noviciat et les actes surérogatoires d'une piété avide d'oraisons, de mortifications corporelles et d'humiliations. Il semble que la novice prédestinée avait, dès ce moment, un pressentiment que sa vie serait courte et qu'elle devait aller vite pour atteindre aux sommets entrevus de la perfection. Ses supérieures, soit par une conviction réfléchie, soit par une inspiration qui leur révélait l'action divine dans cette âme, favorisaient, autant que le permettaient l'observance et la prudence, ses désirs d'immolation intérieure et d'austérités pratiques. Comment, d'ailleurs, traiter par les procédés communs une novice qui, à peine au début, donnait à ses Sœurs l'exemple de toutes les vertus religieuses? La pauvreté, pour elle, c'était le dépouillement absolu, le dénuement le plus complet de tout ce qui n'était pas littéralement indispensable, au point qu'elle refusa une image de sainte Thérèse, sa patronne de prédilection, sous prétexte qu'elle était trop richement coloriée.

La maîtresse des novices l'avait chargée du vestiaire du noviciat. Philomène prenait pour elle ce qu'il y avait de pire, et après sa profession, elle continua à choisir les habits les plus pauvres et les plus rapiécés. Au lieu de la flanelle fine que les autres Sœurs portaient sous l'habit, elle usait un vieil habit de nuit fait de loques et de morceaux. Et pourtant, Sœur Philomène, avec ses habits râpés et rapiécés, paraissait toujours très propre. Sa cellule n'avait, outre le lit, dont elle ne se servait presque jamais, qu'une vieille chaise, toute démontée, qu'elle avait raccommodée elle-même, à force de ficelles, un tronc de bois qui lui servait d'oreiller, en un mot l'ameublement le plus simple pour une religieuse Minime. Peu ou point d'images, sauf un objet d'art, c'est-à-dire un Christ en bois que son père avait sculpté pour elle, en souvenir de sa prise d'habit. Ce Christ, ajoute une des Sœurs, était bien plus beau que le nôtre, mais Philomène, à force de le couvrir de baisers et de larmes, l'avait usé et déformé.

Son obéissance ne connaissait ni les distinctions, ni les atermoiements, ni la mauvaise grâce. Et certes, l'obéissance, difficile aux âmes les plus généreuses, devait coûter à Sœur Philomène, en raison de son caractère énergique, de son esprit très ferme et très décidé, des efforts constamment renouvelés: d'autant plus que les supérieures ne pouvant jamais la trouver en défaut, au sujet des observances, l'éprouvèrent de toute manière pour le renoncement à sa volonté.

La sainte religieuse qui fut sa surveillante ou maîtresse durant le noviciat, déclara qu'elle avait, dans ce but, essayé de tous les stratagèmes imaginables. Elle lui donnait des ordres qu'elle contremandait presque aussitôt. Elle reprochait à Philomène de ne pas mettre assez d'activité à tel ou tel travail, et quand la novice, pour mieux obéir, redoublait d'entrain, la maîtresse tournait en ridicule son empressement nerveux et son agitation. Parfois, elle louait publiquement Philomène de son savoir-faire; et puis, à la première occasion, pour quelque travail très pressant, elle la laissait de côté comme *une propre à rien*, ou la chargeait, au contraire et simultanément, de plusieurs besognes impossibles à concilier, se réservant, par après, de bien mettre en relief l'incapacité ou *la lambinerie* de sa novice. Éloges, blâmes, ordres, contre-ordres, Philomène, toujours douce et souriante, acceptait tout, et jamais sans doute il ne lui vint en pensée que la maîtresse cherchait à l'éprouver. Elle obéissait simplement par cet esprit de foi si élevé qui prévient toute opposition, même instinctive, et coupe court aux objections.

Elle obéissait, même quand l'acte d'obéissance imposé

ou désiré donnait lieu de croire qu'elle avait commis quelque faute. Un jour d'été, la Mère correctrice, se rendant au chœur, vit l'escalier du premier étage surabondamment mouillé pour le balayage. Sœur Philomène, elle aussi, se rendait à Vêpres, et la Mère lui dit : « C'est vous qui avez ainsi inondé cet escalier ? » Philomène ne répondit ni oui, ni non, quoiqu'elle n'eût pas été ce jour-là occupée au balayage. « Eh bien ! reprit la supérieure, vous allez, pour réparer votre négligence, monter à genoux les gradins et les baiser un à un, ce sera votre manière de réciter les Vêpres aujourd'hui. » Sœur Philomène, aussitôt, relève un peu sa robe et accomplit, le cœur en liesse, cette dure pénitence. Quand elle alla au chœur rejoindre la communauté, je la vis, dépose sa voisine, avec une telle expression de bonheur intime, que je ne résistai pas à la curiosité de lui demander pourquoi elle était si heureuse. Mais elle, avec un sourire d'ineffable douceur, mit le doigt sur ses lèvres pour me rappeler au silence ; et je ne connus que postérieurement la cause de sa joie.

Dans une de ses maladies, le Dr Sojo étant absent, le médecin suppléant, appelé Jean Castanna qui, depuis, se fit Jésuite, voulut se rendre compte plus minutieusement d'un bizarre accès de sa maladie. Il posa donc sa main sur le cœur de Philomène, d'ailleurs toute vêtue ; et à ce contact, la servante de Dieu manifesta un mouvement très net de résistance. Le confesseur, en ayant été averti, fit reproche à Philomène de cette pruderie déplacée, parce que, disait-il, elle aurait bien pu comprendre que, cette auscultation étant nécessaire, c'était obéir que de s'y soumettre. Et aussitôt, Sœur Philomène écrivit au confesseur pour lui demander pardon de ce mouvement de désobéissance et l'assurer qu'elle était disposée à subir désormais toutes les auscultations nécessaires plutôt que de manquer en quoi que ce fût à la sainte obéissance.

Son directeur lui disait un jour, à propos d'un conseil qu'elle lui avait demandé : « Vous pouvez prendre tel moyen ou tel autre : les deux sont bons; choisissez celui que vous préférez. » En entendant qu'on laissait à sa propre volonté le choix du chemin qu'elle devait suivre, la pauvre enfant ressentit une telle tristesse intérieure, que les larmes lui vinrent aux yeux. Je fis de mon mieux pour la consoler, et quand elle se fut un peu calmée, elle me dit ces paroles si admirables d'humilité et de sagesse : « Mon Père, c'est à vous qu'il appartient de choisir; et votre indigne pénitente n'a qu'à obéir, et à faire ce que vous lui aurez commandé. »

Saint Pierre Damien, s'adressant à une âme qui veut suivre Jésus-Christ, caractérise d'un mot le travail divin qui se fera en elle. « Tu viens au Crucifié ? c'est donc que tu es déjà crucifiée ou que tu veux l'être (1). »

Sœur Philomène l'était déjà, et voulait l'être encore. Son désir de souffrance corporelle, plus instinctif ou plus passif dans sa vie de famille, devint à la fois impérieux et réfléchi dans sa vie claustrale : et lorsque, plus tard, la nature, atteinte en toutes ses énergies vitales, devra succomber, le Maître lui redonnera des forces pour qu'elle puisse souffrir encore, souffrir en tout, afin de l'unir plus intimement à sa propre expiation.

---

(1) *Venis ad Crucifixum? Crucifixus venies aut crucifigendus*, cité dans *La Religieuse sanctifiée*, de saint Alphonse de Liguori.

Victime d'amour et par amour : voilà le secret des prédilections divines sur Philomène, depuis sa consécration avant sa naissance jusqu'à son dernier soupir.

Les jours, ou plutôt les nuits fixées pour la discipline, Philomène, du consentement de sa supérieure, pratiquait cette pénitence dans un coin solitaire du couvent, afin d'avoir toute liberté pour sa terrible flagellation. On l'entendit une nuit s'écrier, comme si elle voulait réfuter quelque objection intérieure: « Ah! mon Jésus! vous, l'innocence même, vous, le Saint des saints, vous avez voulu souffrir par amour pour moi et pour expier en votre chair sacrée mes péchés, une pluie de cinq mille coups de fouet (1)! Et moi, misérable pécheresse, si j'avais dans le cœur un peu d'amour pour vous, un vrai désir de purifier mon âme, pourrais-je hésiter à châtier, comme il le mérite, ce corps rebelle! »

L'année du noviciat s'écoula ainsi pour Sœur Philomène dans la correspondance la plus généreuse aux prédilections du divin Maître. Une complication imprévue, c'est-à-dire un mal aux yeux qui résista pendant quelque temps aux soins des médecins, et qui fit craindre à la fervente novice d'être renvoyée, ne changea en rien les dispositions de la communauté à son égard. Le vote unanime de ses Sœurs l'admit, le noviciat terminé, à l'engagement irrévocable en droit, comme il l'était en fait dans son cœur depuis le premier instant de son entrée au monastère.

Sœur Philomène prononça ses vœux le 4 avril 1861. Vingt ans auparavant, jour pour jour, elle avait reçu le

---

(1) Ce nombre de *cinq mille* coups a été révélé par Notre-Seigneur lui-même à plusieurs saints, notamment à sainte Brigitte

saint baptême. Cette coïncidence, que rien d'humain n'avait intentionnellement préparée, affirmait une fois de plus que Dieu prenait possession de sa privilégiée. La jeune professe vit à la fois, dans ce rapprochement providentiel de son baptême et de sa profession, un nouveau témoignage des prédilections divines, et une nouvelle annonce de l'immolation complète qui lui était demandée.

Les parents de Sœur Philomène, qui avaient assisté à sa prise d'habit, furent également les témoins de sa profession. Les actes officiels mentionnent leur présence mais sans nous renseigner aucunement sur leurs impressions. C'est encore à la déposition de D. Maria Esplugas l'amie d'enfance de Philomène, que nous devons quelques détails très sommaires, mais très édifiants, sur cette cérémonie:

« Oui, répond Maria Esplugas aux Juges des procès ordinaires, je me rappelle très distinctement l'acte ou cérémonie de la profession, parce que les parents de Sœur Philomène, qui étaient alors à Sarreal, où Félix Ferrer faisait des sculptures pour l'église, m'écrivirent alors, et je me rendis à Valls avec mon mari. C'était le 4 avril 1861, comme le dit cet article de l'interrogatoire Il me souvient parfaitement, tout comme si je la voyai et l'entendais en ce moment, lorsqu'elle chanta la formule de profession, d'une voix si claire, si pleine, vibrante, qu'on aurait dit un ange. Au parloir ensuite je lui parlai, et elle était, à cause de sa joie, comme hors d'elle-même. Avec sa couronne sur la tête, elle avait u tel aspect de beauté, qu'elle me faisait l'effet d'une madon ou d'un séraphin. L'impression m'en est restée si pro fonde, qu'elle ne pourra jamais s'effacer de mon cœur.

» Depuis, durant le cours de sa vie si brève, je fus la voir huit ou douze fois. Nous parlions de la famille; mais, quoique je sois sûre qu'elle me prodiguait alors ses conseils, ses sages réflexions et ses exhortations pour la dévotion au Sacré-Cœur de Jésus et autres choses, je ne puis rien préciser de nos conversations, car je n'eus jamais la pensée que je pourrais être interrogée à ce sujet. Ce que je puis affirmer ici, c'est que j'avais en très haute estime la perfection, la sainteté de la servante de Dieu, de sorte que rien de ce que j'ai appris après sa mort ne m'a surprise. Bien plus, je crois qu'il devait en être ainsi, puisqu'elle appartenait à une famille si exemplaire. »

CHAPITRE VI

SŒUR PHILOMÈNE ET SES COMPAGNES

LA DÉPENSIÈRE DE CHARITÉ — SŒUR MARIE DE JÉSUS ET LA SOURIS — LA TUMEUR BAISÉE ET GUÉRIE — L'APOSTOLAT DOMESTIQUE — SŒUR ENGRACIA ET SON AVERSION — SES INJURES A SŒUR PHILOMÈNE — HÉROIQUE PATIENCE — LE COUP DE LA GRACE — HORRIBLE TENTATION DE SŒUR ENGRACIA — PHILOMÈNE VIENT A SON SECOURS — LE MAL QUI NE SE PREND PAS.

A peine professe, Sœur Philomène fut nommée *dépensière:* tel est le titre qui désigne, dans plusieurs communautés, la charge assez compliquée de veiller aux dépenses ordinaires de la maison, à la diligence des Sœurs dans leurs offices respectifs, comme aux soins spéciaux que réclame, pour telle ou telle Sœur, tantôt un travail plus surmené, tantôt une santé plus frêle. Cet étrange économat exige, on le voit, des ressources inépuisables de tact, de bon sens et de charité. Sœur Philomène apporta de plus, à l'accomplissement de sa charge, une délicatesse attentive et prête à tous les dévouements. Elle aimait toutes ses Sœurs de cet amour pratique, persévérant, qui rend industrieux. Elle s'ingéniait à se faire toute à toutes, pour donner à chacune, dans la mesure du possible, ce qui lui était le plus agréable et le plus conforme à ses goûts ou à ses besoins.

La Sœur cuisinière, chargée de mérites que Dieu seul connaissait bien, et d'infirmités qui étaient visibles à tous les yeux, avait souvent de la peine à suffire à sa tâche; mais Sœur Philomène venait à son aide avec un empressement tout fraternel. Avant le lever de la communauté, elle allait faire le gros travail et préparer la besogne pour la Sœur cuisinière, dont la simplicité n'arrivait pas à comprendre comment Sœur Philomène *devinait* si bien les jours où elle avait vraiment besoin d'être aidée. Ce dévouement surérogatoire, Sœur Philomène le prodiguait envers toutes les Sœurs qu'elle savait manquer des forces nécessaires; et cela à toutes les heures, dans tous les temps et pour tous les travaux, surtout pour les travaux les plus difficiles et les plus rebutants. Aussi les Sœurs disaient-elles, en parlant de Philomène, que le monastère n'avait jamais eu une « telle dépensière..... de charité ».

Peu de temps après, Sœur Philomène fut nommée infirmière, et remplit jusqu'à la fin les devoirs de cette charge. Le dévouement changea de forme, mais non de fidélité. La nouvelle infirmière se donnait à ses malades, non seulement avec l'impeccable exactitude du devoir et les inspirations de l'esprit de foi qui lui montraient Jésus lui-même souffrant dans ses épouses, mais encore avec la tendresse attentive, joviale, prévenante de la plus aimante des Sœurs.

Les religieuses, émerveillées de ce dévouement, accusaient Sœur Philomène de cumuler. Elle est, disaient-elles, infirmière, médecin et pharmacien, et quelquefois même devineresse. D'autres, dans leur for intérieur, pouvaient ajouter et déposèrent plus tard, en effet, devant les juges ecclésiastiques, que certaines recettes de leur infirmière avaient une efficacité non prévue dans le codex.

Une de ses compagnes, Sœur Marie de Jésus, fait la déclaration suivante:

« Depuis un mois, j'avais sur la poitrine une excroissance de chair, grosse comme trois doigts, qui formait un cercle bleuâtre et me faisait souffrir, même au seul contact de la flanelle intérieure. J'en parlai à la Mère correctrice qui m'y appliqua quelque onguent, mais sans le moindre résultat. Le mal, empirant de plus en plus, au point que cette excroissance formait une tumeur pendante, j'eus la pensée de demander au confesseur l'autorisation d'en parler à Sœur Philomène; j'avais l'espoir ou plutôt la certitude que Sœur Philomène me guérirait. « Voyons, voyons un peu ce mal », répondit Philomène en me forçant à découvrir ma poitrine. La tumeur découverte, Philomène, comme en jouant, la toucha du doigt et dit que ce n'était rien, que tout cela disparaîtrait bien vite. La nuit venue, je pus dormir tranquille, et le lendemain, sur ma poitrine, plus de souffrance, plus aucune trace, ni de tumeur, ni d'excroissance. Toute joyeuse, je courus l'annoncer à Sœur Philomène, qui me répondit en souriant: « Je vous avais bien dit que cela passerait vite: ce sera probablement une souris qui, pendant votre sommeil, aura mangé cette inutilité. »

En une autre circonstance, la souris n'intervint pas, mais Philomène procura la guérison par un de ces actes héroïques, que saint Augustin appelle des actes plus admirables qu'imitables. Une Sœur était atteinte au genou d'une tumeur molle qui résistait aux cures rationnelles des médecins. La patiente trouvait bien dures les impuissances et l'immobilité de sa vie d'infirme. « Courage, ma Sœur, courage, vous guérirez, et bientôt », lui dit un jour Philomène, dont la charité allait souvent consoler l'isolement de la malade. Elle enlève aussitôt les bandages de ce pauvre genou, et puis, malgré les protestations et les efforts de la patiente, elle baise, à plusieurs reprises, cette plaie répugnante. Au contact de ses lèvres, les chairs se rassainissent, la plaie se dessèche et se cicatrise, et le genou dolent retrouve instantanément souplesse et vigueur.

L'affection qu'elle témoignait à toutes ses Sœurs, et que toutes lui rendaient, explique aisément l'heureuse influence qu'elle exerça sur la vie intérieure de chacune d'elles. Elle savait merveilleusement tirer parti des relations de son emploi pour donner à celle-ci un bon conseil, pour faire à celle-là une observation fraternelle sur tel ou tel défaut, pour exciter cette autre à des actes d'abnégation ou à des pratiques de piété.

Celle de ses Sœurs qui lui avait été, de prime abord, si durement opposée, Sœur Engracia, dont nous allons voir ci-dessous les terribles tentations et l'admirable conversion, rend compte, devant les Juges ordinaires, de cet apostolat domestique de Sœur Philomène : « Bien des fois, dit-elle, je l'ai entendue s'exprimer avec une chaleur d'âme toute communicative sur le don précieux de la foi : elle aurait voulu que tous les hommes se convertissent à la vraie foi, et en devinssent partout les propagateurs. « Oh! que volontiers, s'écriait-elle, je donnerais à cette fin mille et mille fois ma vie! »

» Au chœur, durant l'oraison, je la voyais plongée dans un admirable recueillement, et souvent le reflet de l'extase lui donnait un aspect tout angélique. Elle-même, d'ailleurs, me dit un jour, par inadvertance, je suppose, et en s'humiliant profondément après m'avoir fait cette confidence, que Notre-Seigneur lui avait fait la grâce de n'être plus distraite, et d'avoir ininterrompu le sentiment de sa présence.

» Aux fêtes surtout des principaux mystères, son cœur était si enflammé d'amour, que ce feu s'étendait jusqu'à moi comme à toutes les autres qui l'approchaient. Aussi mon regret est de ne plus vivre en sa compagnie; depuis sa mort, je sens comme un vide dans mon âme. Je dois ajouter en particulier, qu'elle s'enflammait tout spécialement en parlant du Cœur de Jésus. Bien des fois, je la trouvais abattue, finie et presque mourante; et, à peine parlait-on du divin Cœur, qu'elle se ranimait aussitôt et reprenait vigueur et couleur. »

Les avis de Sœur Philomène étaient d'autant mieux acceptés, qu'elle savait, par sa douceur joviale et discrète, ne blesser aucune susceptibilité. Humble de cœur et intimement convaincue de son infériorité et de ses démérites, au point de demander souvent comme une grâce, à baiser les pieds de ses Sœurs, elle constatait leurs imperfections et les en avertissait, sans rien diminuer de sa vénération envers celles qui restaient à ses yeux les vraies épouses de Jésus-Christ. Plus une âme généreuse s'approche du *bon* Dieu, plus aussi elle est compatissante, même quand elle en souffre, pour les faiblesses et les défauts d'autrui. Ce support généreux, Sœur Philomène, peu de temps après sa profession, eut l'occasion de le pousser jusqu'à l'héroïsme à l'égard de deux de ses sœurs, plus particulièrement de cette Sœur Engracia de la Sainte Trinité.

Le premier biographe de la vénérable Philomène, écrivant peu de temps après sa mort, et sur des données qui lui venaient en partie de ses fonctions spirituelles, s'est imposé forcément des réserves auxquelles l'historien postérieur n'est point tenu, puisque les faits secrets ont maintenant la publicité d'un procès solennel et les humbles déclarations de la principale intéressée.

A ceux qui, de prime abord, s'étonneraient des tentations de Sœur Engracia et de la place qui leur est faite dans cet essai hagiographique, la théologie répondrait, aussi bien que la sincérité historique, en affirmant son droit, le droit de glorifier la bonté de Dieu, cette bonté, aussi touchante dans ses miséricordes envers les âmes en lutte, que dans ses exquises prédilections envers les âmes fidèles.

Sœur Engracia de la Très-Sainte Trinité entra au monastère de Valls, cinq ans après Sœur Philomène. A peine admise au noviciat, elle conçut contre celle-ci une antipathie si intense qu'elle ne pouvait, sans en être irritée, la voir ni l'entendre, et ne répondait que par des duretés et des injures aux prévenances aimables de sa sainte compagne.

Laissons-la révéler elle-même le caractère et les formes de cette antipathie, dans laquelle l'hagiographe voit moins l'animosité, volontaire et délibérée, d'une religieuse envers sa consœur, que les efforts du démon se servant, contre la vaillance inattaquable de celle-ci, des faiblesses et des inexpériences de celle-là.

« Oui, répond Sœur Engracia aux Juges des procès ordinaires, oui, j'ai beaucoup à dire sur l'humilité et la patience de Sœur Philomène, et je dois déclarer, malgré la confusion que j'en éprouve, que j'ai anxieusement désiré, durant des années, l'heure présente, et que je la demandais au Seigneur comme une grâce, afin de pouvoir, par mes aveux, réparer en quelque manière, les manquements, les calomnies, les outrages, les persécutions dont je me rendis coupable envers la pauvre et très humble Sœur Philomène. Je déclare donc que j'eus pour elle la cruauté d'un tyran. Ma persécution contre elle dura à peu près neuf mois, et elle contribua à mettre en relief les héroïques vertus de cette admirable servante de Dieu. Dès les premiers mois de mon noviciat, je conçus contre elle une aversion, au fond inexplicable, car, dans mon cœur, je reconnaissais pleinement l'angélique sainteté de Philomène. Durant ces neuf mois, à bien des reprises, je l'injuriai en paroles et en actes. Un jour, j'allai jusqu'à la traiter de chienne. Une autre fois, je lui lançai une pierre qui, heureusement, n'atteignit que le pan de sa robe; mais, je crois que je sentais en moi comme une impulsion diabolique à la tuer. Une autre fois, pendant que la communauté était au chœur, je rencontrai Sœur Philomène, je me précipitai sur elle et, après l'avoir renversée, je la foulai aux pieds. Devant tous ces outrages, jamais, j'en ai le souvenir très précis, jamais Sœur Philomène ne montra la moindre irritation, et jamais elle ne parla à personne de mes cruautés envers elle. Un jour, au noviciat, en présence de la maîtresse des novices, qui était alors Sœur Madeleine de Sainte-Thècle, je faisais exprès de répondre de travers aux leçons de chant que nous donnait Sœur Philomène. Devant mon obstination, la maîtresse dit : « Attention, il y a quelque démon qui rôde par là. — Oh! oui, reprit Sœur Philomène, aujourd'hui le démon n'est pas loin, » et, en disant ces mots, elle me fixa, mais d'un regard si pénétrant, si extraordinaire, qu'elle m'apparut alors comme un être surnaturel. Puis, doucement, elle ajouta : « Ah! petite Sœur, si vous ne changez pas de chemin, votre âme est en grand péril. » Cet avertissement fraternel irrita outre mesure mon orgueil; et quand Sœur Philomène sortit, je la suivis dans le corridor, en l'appelant : « abbesse au petit pied, chanoinesse, fausse béate, hypocrite, doctoresse. Ah! tu as, dit-on, l'esprit de prophétie, et moi je dis que tu n'as que l'esprit d'une sorcière, etc. »

Non contente de satisfaire son antipathie personnelle contre Sœur Philomène, Sœur Engracia cherchait de plus à la communiquer à d'autres Sœurs. Un jour, elle voulut essayer de la rendre odieuse à la communauté, par une calomnie habilement combinée. Elle affirma avoir vu Sœur Philomène sortir de la sacristie, et l'avoir entendue faire au confesseur des rapports calomnieux contre la communauté. Quelques Sœurs se laissèrent prendre à ce mensonge, débité avec un aplomb parfait, durant la récréation et devant Sœur Philomène elle-même qui garda le silence, sans répondre le moindre mot aux récriminations franches des unes et aux insinuations méchantes des autres.

Cette fois encore, Sœur Engracia avait manqué son coup, mais Dieu ne manqua pas le sien. Le silence résigné de Sœur Philomène, sa patience héroïque en cette circonstance, dessillèrent les yeux de la malheureuse novice. « En cet instant, dit-elle, je me sentis le cœur comme transpercé, je me fis à moi-même l'effet d'un démon qui avait mission de torturer la servante de Dieu. Je vis, comme une lumière, qui me montrait que si je n'avais pas encore été chassée de la communauté, je le devais aux ferventes prières de Sœur Philomène et d'une autre religieuse de grande vertu, elle aussi, qui s'appelait Sœur Assunta. L'âme bourrelée, le cœur bouleversé, j'allai trouver la maîtresse des novices et je lui fis l'aveu de ma calomnie, me reconnaissant coupable et demandant pardon des conséquences qu'elle avait eues. »

Le même aveu fut noblement renouvelé, par la coupable, devant la Mère correctrice qui, pour consoler sa douleur, fit appeler Sœur Philomène. Celle-ci à peine entrée, Sœur Engracia se jette à genoux et lui demande pardon, à travers ses sanglots, de cette calomnie et de toutes les injures passées, et la supplie de lui obtenir elle-même, du Cœur de Jésus, miséricorde et pardon. Et alors, poursuit Sœur Engracia, alors, cette angélique créature, sans un mot de reproche, mais au contraire, d'un ton très doux et très affectueux, me répondit : « O chère Sœur, ce qui m'a fait de la peine, ce n'est pas que vous ayez parlé et agi contre moi, comme vous venez d'en faire l'aveu; mais c'est l'offense faite à Dieu et le mal fait à votre âme. Non, petite Sœur chérie, vos dédains ne m'ont pas fait souffrir, car, au fond, je ne mérite que les dédains de toute la communauté; mais, je suis heureuse de vous dire que vous m'avez fourni l'occasion de mettre quelques pierres précieuses à ma couronne de religieuse. »

A partir de ce moment, Sœur Engracia n'eut pour la

vénérable Philomène que des sentiments de vénération confiante et toute filiale. Dans les peines et les épreuves, qui ne manquaient pas à sa nature volontaire et violente, elle avait recours à celle qu'elle appelait maintenant dans son cœur, sa sainte amie. A l'approche de sa profession, Sœur Engracia craignant, non sans fondement, que la votation de la communauté ne lui fût défavorable, s'en ouvrit à Sœur Philomène qui, après un regard vers le ciel, lui assura sans hésiter qu'elle serait admise, mais qu'une grande épreuve l'attendait peu de temps après sa profession.

L'épreuve vint, en effet, et elle fut terrible! A vingt-cinq ans de distance, Sœur Engracia, devant les Juges ecclésiastiques, en parle avec cette émotion contenue, mais profonde et humble, qui devait être celle de saint Pierre quand il pensait à l'heure fatale de son reniement (1).

« Avant tout, dit-elle au tribunal, laissez-moi vous répondre à genoux et baiser terre devant vous, car c'est moi, cette triste religieuse, indigne de porter cet habit, c'est moi qui eus le malheur de vouloir me donner au démon. » Puis, Sœur Engracia dépose que, peu de temps après sa profession, elle fut assaillie d'horribles tentations de désespoir. Jour et nuit, elle était obsédée par la pensée torturante qu'elle était irrévocablement

---

(1) Longtemps avant de faire cette déposition juridique, Sœur Engracia avait rédigé une déclaration très explicite sur cette tentation, et l'avait remise au P. Narcisse Dalmau, le confesseur de la communauté, en le conjurant de l'insérer dans la vie, qu'il était alors en train d'écrire, de la servante de Dieu, comme un témoignage des mérites de Sœur Philomène, et aussi comme une nouvelle forme de réparation du crime qu'elle avait été sur le point de commettre. Le confesseur, en effet, insère le fait, mais en taisant le nom de la religieuse. Si ces pages tombent sous les yeux de Sœur Engracia, elle reconnaîtra que l'hagiographe français s'est plus largement prêté à son magnanime désir d'humiliation.

damnée, qu'il n'y avait, par conséquent, pour elle aucun motif de se contraindre pour pratiquer les vertus religieuses. « Le 10 février de 1866, pour je ne sais plus quel incident dont j'avais été irritée, le bouleversement de mon âme fut tel, que j'eus la pensée de faire effectivement un acte formel de donation de moi-même au démon. « Fais-en une grosse, pour une bonne fois, et que cela finisse. » Cette inspiration diabolique m'obsédait sans trêve, ni relâche. J'avais en même temps le désir d'aller ouvrir mon cœur à Sœur Philomène et à la Mère correctrice; mais le démon me dissuada de le faire, et je sentais en moi comme une sorte de fureur aveugle pour réaliser au plus tôt mon triste projet. Rencontrant la Mère correctrice, la chère et sainte Sœur Louise de l'Addolorata, je lui criai hors de moi : « Je vais en faire une qui comptera. » Effrayée de me voir ainsi, la Mère m'appela, courut après moi, mais en vain, je me précipitai dans ma cellule et je m'enfermai à clé. Je pris avec rage une feuille de papier et une plume pour rédiger cette donation. Au moment où j'allais écrire, j'entendis frapper à ma porte: c'était Sœur Philomène qui m'appelait. Je jetai aussitôt, sous le lit, plume et papier, et fatiguée des instances de Sœur Philomène qui continuait à m'appeler, j'allai entr'ouvrir la porte en lui disant brusquement : « Que voulez-vous donc ? — Oh! ma Sœur, ma chère Sœur, de grâce, au nom de Dieu, n'allez pas au delà. Ne consommez pas le forfait que vous allez commettre. » Il y avait dans cette supplication une telle tristesse, une telle angoisse, que j'en fus profondément émue; mais, dans mon obstination et mon effarement, je refermai violemment la porte sur elle. Et derrière la porte, Sœur Philomène me répétait encore : « Oh! chère Sœur, pauvre petite Sœur, de grâce, ne commettez pas cette iniquité. C'est une tentation du Mauvais; si vous y succombez, le jour viendra où vous devrez pleurer des larmes de sang pour cette faute. » Puis, sans plus entendre sa voix, je sentis pourtant que la prière de Philomène, comme une supplication angoissée, venait envelopper et couvrir mon âme. Mes yeux s'ouvrirent, je tombai à genoux à demi morte, terrifiée devant l'intuition nette du crime que j'allais commettre. Je restai là longtemps, pleurant, priant, implorant pardon et miséricorde. Puis, j'aspergeai d'eau bénite ma cellule où je sentais alors comme la présence réelle du démon. A peine remise et capable de sortir, j'allai tout avouer à la Mère correctrice qui, après le premier moment de stupeur, me consola, m'encouragea et me ménagea la facilité que je désirais par-dessus tout, celle de pouvoir me confesser ce jour-là même. Je dois ajouter un détail qui a son importance, c'est que, au moment où j'étais enfermée dans ma cellule, pour accomplir mon indigne projet, Sœur Philomène, venant à toute hâte à ma porte, rencontra au corridor, une sainte religieuse, Sœur Rose de Saint-Narcisse, et lui dit : « Vite, vite, allez prier pour une de nos Sœurs qui est en grand danger. » Sœur Rose voulait savoir ce dont il s'agissait, mais Philomène répliqua : « Peu importe, peu importe; allez prier, allez prier ! » Ce fut après coup que Sœur Rose me fit la confidence de ces particularités. Elles montrent, comme tant d'autres pour d'autres faits, que Sœur Philomène avait connu par révélation le triste état de mon âme. »

Cette grâce de préservation augmenta les sentiments

de vénération confiante et filiale de Sœur Engracia envers Sœur Philomène. Ce fut, toutefois, à l'occasion de cette Sœur, que la vénérable Philomène eut à supporter une dure épreuve.

« Me trouvant seule, un jour, avec Philomène, je lui dis, par indiscrétion ou peut-être par légèreté d'esprit, car j'étais fort jeune, que quelques religieuses m'avaient conseillé de me tenir loin d'elle, parce qu'elle était phtisique et qu'il y avait à craindre la contagion de sa maladie. Philomène éclata en sanglots au point d'éveiller l'attention de la Mère correctrice, qui vint à nous et voulut savoir la cause de ses larmes. Je lui expliquai le pourquoi de la tristesse de Philomène, mais sans lui dire la provenance de ces bruits. La Mère correctrice chercha à consoler la pauvre Sœur, et lui dit qu'elle allait réunir la communauté, afin de découvrir quelles étaient les Sœurs qui avaient répandu ce faux bruit. « Oh, ma mère, s'écria aussitôt Philomène, tombant à genoux et baisant les pieds de sa supérieure, je vous en conjure, par l'amour du Cœur de Jésus, ne faites pas cela. » Il y avait, dans cette exclamation, une telle force de supplication, que la supérieure, pour ne pas l'affliger davantage, lui promit de n'en rien faire. Ceci se passait vers dix heures du matin. Dans l'après-midi, à une heure, au moment où la communauté faisait la sieste, j'allai voir Sœur Philomène à l'infirmerie et je lui demandai pardon de ma maladresse et de mon indiscrétion. Et cette angélique Sœur, en me rassurant pleinement, me fit comprendre que ce qui l'avait tant affligée ce n'était ni d'être poitrinaire, ni d'être rebutée des Sœurs, mais d'être privée, à cause de cette persuasion, des actes de charité qu'elle ne pourrait plus exercer envers les Sœurs qui craindraient de l'approcher. Ce fut sans doute cette appréhension qui arracha un jour à la Vénérable cette parole révélatrice : « Ne craignez rien, ma Sœur, ne craignez rien; mon mal, ce cher mal qui me consume, n'est pas de ceux qui se prennent! »

CHAPITRE VII

SŒUR PHILOMÈNE ET SA FAMILLE
MORT DE JOSEFA

Par une de ces anomalies humainement inexplicables et pourtant bien fréquentes, l'enfant qui aspire à la vie religieuse est presque toujours regardé comme perdu pour les siens. Le cloître, pense-t-on, dessèche les affections de la famille. Ne serait-il pas plus vrai de dire que le cloître les épure et les ennoblit, ou tout au moins les laisse plus libres que la vie de mariage? Sans doute, le jeune homme qui, dans l'ardeur de ses vingt ans, veut être à Dieu, rien qu'à Dieu, quitte la maison paternelle; mais il ne se crée pas à lui-même un nouveau foyer qui aura forcément la meilleure part, et bien souvent la totalité de ses affections et de ses soins. L'oiseau, qui se fait un nid, pense bien peu sans doute au nid qu'il a quitté! Dans la solitude du cloître, la pensée même de Dieu ravive en nos cœurs le souvenir de ceux qui apprirent à notre enfance à balbutier son nom béni, qui, par leur dévouement aussi tendre que chrétien, développèrent en notre âme, le sentiment du devoir et les nobles aspirations. La grâce de la vocation religieuse n'est, le plus souvent, que le germe épanoui et fertile de la première éducation. Les fils et les filles du cloître savent à qui doit d'abord remonter leur reconnaissance pour le bonheur qu'ils ont trouvé ; et plus ils s'approchent de Dieu, leur premier amour, plus ils sentent de tendresse et d'affectueuse vénération pour les parents qui leur ont donné Dieu. L'enfance de Philomène avait eu ses sollicitudes chrétiennes. Son cœur, sous la bure de la Minime déchaussée et au milieu des épreuves divines, en gardait le souvenir reconnaissant et attendri. Elle écrivait peu, et en écrivant, elle était peu prodigue de protestations. Mais, de ces lettres, les extraits suivants disent assez à ceux qui savent lire la part faite dans ses affections à sa famille d'ici-bas.

I

PREMIÈRE LETTRE DE SŒUR PHILOMÈNE A SES PARENTS, APRÈS LA PROFESSION — SA TENDRE SOLLICITUDE POUR EUX ET POUR SES FRÈRES ET SŒURS — ELLE DEMANDE A SON PÈRE UN CRUCIFIX.

J. M. J.

Valls, 17 avril 1851.

A M. D. Félix Ferrer, sculpteur, à Sarréal.

« Mes très estimés parents en Notre-Seigneur,

« Le prochain courrier vous remettra l'écrit que vous envoie la Mère supérieure : elle m'a dit que la valeur en était de 14 *pesetas*. C'est l'achèvement du grand sacrifice que vous vous êtes imposé pour votre fille, qui, en retour, ne cessera de demander à Dieu de vous combler de biens tant spirituels que temporels.

» Je vous souhaite, ainsi qu'à mes frères, une heureuse réussite dans toutes vos entreprises, afin d'accomplir en tout la très sainte volonté du Seigneur, comme je le désire également pour moi-même. Ne m'oubliez pas non plus dans vos prières, et demandez à Celui qui a bien voulu me choisir pour religieuse, qu'il daigne encore me permettre de devenir un jour sa véritable épouse.

» Priez-le de donner à sa servante les grâces nécessaires pour s'acquitter fidèlement de ses charges et obligations, et en particulier de l'emploi de sous-surveillante du vestiaire, que vient de me confier la sainte obéissance ; que je sois, avec l'aide de Dieu, la fidèle et utile compagne de Sœur Josefa de San Benito, ma sœur en Jésus-Christ.....

» Je joins ici deux petites lettres pour mes frères, afin de les remercier, et en réponse aux leurs. A mes chères sœurs Joaquina et Manuela, je souhaite tant de bien, que je ne sais comment l'exprimer. Pour tout dire en un mot, je veux prier mon très doux Époux de leur permettre bientôt, si c'est là sa volonté, d'être, elles aussi, couronnées de fleurs, comme l'a été dernièrement (1) leur sœur aînée qui ne désire rien autre que leur plus grand bien.

» Si je voulais vous écrire tout au long, tout ce qu'on m'a chargée de vous dire, je devrais faire un volume. Je vous prierai seulement de recevoir les affectueuses et cordiales salutations de toutes mes Sœurs, et en particulier de la Révérende Mère Supérieure, de la Mère gardienne des novices, et de votre humble fille (Q. S. M. B.), qui implore votre bénédiction.

Sʳ Philomène de Santa Coloma,
religieuse Minime par la miséricorde de Dieu.

« *P.-S.* — Mes chers parents en Notre-Seigneur, je n'ai d'autres désir que celui de recevoir de vous mon Époux

---

(1) Il n'y avait que 13 jours que Philomène avait fait profession.

remonter leur reconnaissance pour le bonheur qu'ils ont trouvé; et plus ils s'approchent de Dieu, leur premier amour, plus ils sentent de tendresse et d'affectueuse vénération pour les parents qui leur ont donné Dieu. L'enfance de Philomène avait eu ses sollicitudes chrétiennes. Son cœur, sous la bure de la Minime déchaussée et au milieu des épreuves divines, en gardait le souvenir reconnaissant et attendri. Elle écrivait peu, et en écrivant, elle était peu prodigue de protestations. Mais, de ces lettres, les extraits suivants disent assez à ceux qui savent lire la part faite dans ses affections à sa famille d'ici-bas.

I

PREMIÈRE LETTRE DE SŒUR PHILOMÈNE A SES PARENTS, APRÈS LA PROFESSION — SA TENDRE SOLLICITUDE POUR EUX ET POUR SES FRÈRES ET SŒURS — ELLE DEMANDE A SON PÈRE UN CRUCIFIX.

J. M. J.

Valls, 17 avril 1851.

A M. D. Félix Ferrer, sculpteur, à Sarréal.

« Mes très estimés parents en Notre-Seigneur,

« Le prochain courrier vous remettra l'écrit que vous envoie la Mère supérieure : elle m'a dit que la valeur en était de 14 *pesetas*. C'est l'achèvement du grand sacrifice que vous vous êtes imposé pour votre fille, qui, en retour, ne cessera de demander à Dieu de vous combler de biens tant spirituels que temporels.

» Je vous souhaite, ainsi qu'à mes frères, une heureuse réussite dans toutes vos entreprises, afin d'accomplir en tout la très sainte volonté du Seigneur, comme je le désire également pour moi-même. Ne m'oubliez pas non plus dans vos prières, et demandez à Celui qui a bien voulu me choisir pour religieuse, qu'il daigne encore me permettre de devenir un jour sa véritable épouse.

» Priez-le de donner à sa servante les grâces nécessaires pour s'acquitter fidèlement de ses charges et obligations, et en particulier de l'emploi de sous-surveillante du vestiaire, que vient de me confier la sainte obéissance; que je sois, avec l'aide de Dieu, la fidèle et utile compagne de Sœur Josefa de San Benito, ma sœur en Jésus-Christ.....

» Je joins ici deux petites lettres pour mes frères, afin de les remercier, et en réponse aux leurs. A mes chères sœurs Joaquina et Manuela, je souhaite tant de bien, que je ne sais comment l'exprimer. Pour tout dire en un mot, je veux prier mon très doux Époux de leur permettre bientôt, si c'est là sa volonté, d'être, elles aussi, couronnées de fleurs, comme l'a été dernièrement (1) leur sœur aînée qui ne désire rien autre que leur plus grand bien.

» Si je voulais vous écrire tout au long, tout ce qu'on m'a chargée de vous dire, je devrais faire un volume. Je vous prierai seulement de recevoir les affectueuses et cordiales salutations de toutes mes Sœurs, et en particulier de la Révérende Mère Supérieure, de la Mère gardienne des novices, et de votre humble fille (Q. S. M. B.), qui implore votre bénédiction.

Sr PHILOMÈNE DE SANTA COLOMA,
religieuse Minime par la miséricorde de Dieu.

« P.-S. — Mes chers parents en Notre-Seigneur, je n'ai d'autres désir que celui de recevoir de vous mon Époux

---

(1) Il n'y avait que 13 jours que Philomène avait fait profession.

crucifié et agonisant sur la croix (je veux dire un crucifix), car c'est l'unique amour de mon âme et de mon cœur. Envoyez-le moi quand vous le pourrez (1). »

II

LETTRE DE SŒUR PHILOMÈNE A SES PARENTS A L'OCCASION DE LA MORT DE SA MARRAINE — LES QUARANTE HEURES — DISPOSITIONS AVEC LESQUELLES ON DOIT LES CÉLÉBRER.

J. M. J.

Valls, 21 octobre 1855.

A M. Félix Ferrer, sculpteur, à Mora de Ebro.

« Paix et joie dans le Saint-Esprit, mes très chers parents, frères et sœurs. J'ai reçu, il y a quelques jours, des nouvelles de vous tous, par Carmen, la cousine germaine de l'oncle Jacques. Elle était venue nous rendre visite à l'occasion d'une petite fête en l'honneur de la mère d'une de mes bien-aimées sœurs en religion, Sœur Téodora. Il nous fut ainsi très facile de nous voir et de nous parler. J'appris également la mort récente de ma pauvre marraine (Q. E. P. D.), et que mon oncle m'avait cachée. Ce coup me surprit assez, et me fut très sensible. Mais comme nous savons tous qu'il n'arrive rien sans la permission et la volonté du Très-Haut, je me résignai aussitôt à ses décrets pleins de sagesse. Je pense que vous aussi en aurez fait autant. La raison pour laquelle je ne vous ai pas plus tôt participé les condoléances de cette pieuse communauté est que je croyais que mon oncle vous les aurait manifestées lui-

---

(1) Ce fut à la suite de cette demande de sa fille que Félix Ferrer sculpta le crucifix dont nous avons parlé ci-dessus.

même. Car on l'en avait prié dans la réponse à sa lettre qui nous annonçait ce malheur. Et puis, d'un autre côté, mes nombreuses occupations ne me laissent guère le temps d'écrire fréquemment. Aussi, mes chers parents, est-ce à la hâte que je vous trace aujourd'hui ces quelques lignes, n'ayant que quelques moments à y consacrer. Demain, nous commencerons, avec l'aide de Dieu, les prières des Quarante Heures ; et durant ces saints jours, il nous faut faire une cour plus assidue à notre très doux Époux, Jésus-Hostie. Oh ! quel bonheur inénarrable d'habiter dans la même maison que le Roi des rois, avec la suite nombreuse et magnifique de ses vassaux, les Séraphins! Pleins d'admiration pour une aussi grande Majesté, ils ne cessent d'entonner mille et mille cantiques de louange et de bénédiction. C'est aussi ce que je désirerais faire, malgré mon incapacité, moi sa fille et sa servante indigne. Mais, pourtant, je me sens on ne peut plus encouragée par les paroles mêmes de ce souverain Seigneur, qui nous a dit: *Demandez et vous recevrez*. Cette consolante affirmation doit nous exciter à tout espérer de son très doux Cœur. Ce Cœur sacré nous obtiendra toutes les grâces nécessaires pour supporter avec patience et courage les croix et les misères de cette vallée de larmes. Et ainsi, quand la mort viendra briser les portes de notre prison corporelle, nos pleurs cesseront pour toujours, et nous irons jouir de cette paix éternelle que je souhaite à tous les justes.

» Recevez maintenant, mes très chers parents, frères et sœurs, les affectueuses et cordiales salutations de toute notre sainte communauté qui désire tant vous voir, et en particulier de notre Révérende Mère supérieure, de la Mère Madeleine et de votre humble fille. (Q. S. P. B.)

Sr PHILOMÈNE DE SANTA COLOMA,
*par la miséricorde de Dieu, religieuse Minime
implore votre bénédiction.* »

« *P.-S.* — Je vous prie de communiquer également nos sentiments de cordiale affection à l'oncle M. Joseph, l'oncle Michel, la tante Ildefonsa, la tante Rose, et enfin, à tous les autres parents, voisins et amis, et en particulier à Mme Marie, sa sœur, et toute sa famille. »

III

SŒUR PHILOMÈNE SOUHAITE A SES PARENTS DE BONNES FÊTES DE NOEL.

Vive Jésus, notre amour, et Marie, notre espérance.

Valls, 25 décembre 1845.

A M. Félix Ferrer, sculpteur, à Mora de Ebro.

« Gloire à Dieu dans le ciel et paix sur la terre aux hommes de bonne volonté. Telles sont, mes bien chers parents, les consolantes paroles par lesquelles la Sainte Église salue aujourd'hui ses enfants. Elle veut exhaler par là l'immense allégresse qui inonde son cœur, et nous exciter à débarrasser les nôtres de toute affection terrestre, pour y laisser entrer le vrai Soleil de justice, Jésus-Christ, notre Sauveur. Quelle ne doit pas être la joie de notre âme à la naissance de son Rédempteur! Oui, bien-aimés parents, ce jour est le jour heureux et béni entre tous pour le genre humain. Dans ce petit Enfant qui vient de naître est renfermé notre salut, notre vie, notre paix, notre consolation, notre foi, notre amour, et enfin notre espérance de la vie éternelle. Sous l'humble dehors de ce petit Enfant, se cache l'essence et la toute-puissance d'un Dieu. Oui, de sa pauvre crèche, cet Enfant-Dieu nous crie à tous: « Je suis la voie, la vérité et la vie; celui qui me suivra ne marchera pas dans les ténèbres; il sera un fils de lumière, sauvera son âme et possédera la vie éternelle. Suivons donc, chers parents, les leçons d'un aussi grand Maître, et soumettons notre volonté à la sienne. C'est pour obéir à la volonté de son Père céleste qu'il a voulu descendre du ciel en terre.

» Réjouissons-nous donc tous ensemble avec Jésus, Marie et Joseph; et vous, mes chères sœurs, choisissez ce divin Enfant pour votre Époux, consacrez-lui votre cœur, promettez-lui de ne jamais aimer que lui seul.

» Recevez maintenant, mes très chers parents et bien-aimées sœurs, les souhaits d'une bonne fête de Noël, que vous envoient toutes mes chères Mères et Sœurs. Nous vous prions également de les présenter à mon oncle, à Mme Marie, ainsi qu'à tous les autres parents, connaissances et voisins. Quant à vous, recevez-les encore plus particulièrement de la Révérende Mère supérieure, de la Mère Madeleine et de moi-même, votre petite Minime, qui vous aime de tout cœur et vous baise les pieds.

» Le P. Narcisse vous salue également.

Sr PHILOMÈNE DE SANTA COLOMA,
religieuse Minime,
implore votre bénédiction. »

« *P.-S.* — A vous, ma très chère et vénérée mère, je demande par charité une visite à la Très Sainte Vierge du bel Amour, ainsi qu'au patriarche saint Joseph, que je voudrais aimer avec l'ardent amour des séraphins. A mes frères Félix et Michel, je demande de ne pas oublier l'angélique saint Louis de Gonzague, que leur indigne sœur supplie tous les jours de les prendre sous sa protection. Votre sœur qui vous aime tant. »

IV

SŒUR PHILOMÈNE ÉCRIT POUR AVOIR DES NOUVELLES DE LA FAMILLE — INVITATION A ASSISTER A DEUX PROFESSIONS — TENDRES REMERCIEMENTS POUR LEURS BONTÉS A SON ÉGARD — DEMANDE SPÉCIALE A SA MÈRE.

Vive Jésus notre amour et Marie notre espérance.

Valls, 26 janvier 1876.

A M. Félix Ferrer, sculpteur, à Mora de Ebro.

« Mes très chers parents, frères et sœurs. Que le Saint-Esprit répande dans vos cœurs et dans les nôtres la plénitude de ses dons. Amen.

» Je veux tout d'abord vous dire, chers parents, mon anxiété à cause de votre silence et mon désir de savoir s'il n'est rien survenu de nouveau parmi vous et le reste de la famille. S'il en était ainsi, veuillez nous en faire part, afin que nous le recommandions au Seigneur. Sinon, dites-nous si, peut-être, vous n'auriez pas reçu les deux lettres que j'écrivis un peu avant Noël, l'une à vous et l'autre à mon oncle, et pour lesquelles je n'ai reçu aucune réponse.

» Toujours pleine d'une charitable sollicitude, ma Révérende Mère Supérieure m'a invitée à vous écrire de nouveau à ce sujet. Par la même occasion, elle m'a chargée de vous dire que, le 10 du mois de février prochain, vont dire adieu au monde les deux jeunes novices, Sœur Engracia de la Très Sainte Trinité et Sœur Conception de Saint-Antoine. Pures et candides comme deux colombes, elles vont se consacrer à l'Époux céleste par la sainte profession, à la grande joie de toutes leurs Sœurs. Notre sainte communauté vous invite à venir, si vous le pouvez, rendre par votre présence plus complets et plus parfaits notre bonheur et notre consolation.

» Je ne fais, chers parents, qu'interpréter ici les désirs de mes bien-aimées Mères et Sœurs qui voudraient tant vous voir, ainsi que votre indigne fille. (Q. S. P. B.) Souvenez-vous aussi, très chers parents, que, le 29 du présent mois, est l'heureux anniversaire du jour béni, et pour vous et pour moi, où je quittai le monde pour venir dans ce paradis terrestre qui est le cloître, au milieu de ces anges dans des corps mortels, qui sont mes bonnes Mères et Sœurs, bien dignes de ce nom sans doute par la grande pureté de leurs âmes et la pratique des plus héroïques vertus. Oh! quelle confusion est la mienne en me voyant encore si loin du chemin de la vertu et de la perfection, quand mes Sœurs y sont déjà si avancées! Cependant, je ne me décourage pas pour cela, mais, au contraire, ce même sentiment d'humiliation à cause de mon ingratitude aux nombreux bienfaits et miséricordes reçus de Dieu, m'excite à courir avec plus d'ardeur pour compenser, par une activité et une ferveur plus grandes, ma paresse et ma tiédeur passées. Oh! mes bien chers parents, je vous rends mille et mille actions de grâces pour la charité que vous fîtes alors à cette minime des Minimes! Ne pouvant aucunement satisfaire à une dette si grande, du moins je ne veux jamais cesser, dans mes pauvres prières, de demander au Seigneur qu'il vous comble de ses abondantes bénédictions. Puisqu'il nous a déjà adoptés pour ses enfants, puissions-nous arriver avec sa grâce à être du nombre des prédestinés, et cohéritiers de la gloire qu'il nous a méritée par sa douloureuse mort.

» Recevez maintenant, chers parents, frères et sœurs, ainsi que le reste de la famille, les voisins et les amis, recevez mille affectueuses salutations de toute notre sainte communauté, et en particulier du P. Narcisse, de la Mère supérieure, de la Mère surveillante et de votre fille et sœur qui vous aime de tout cœur et implore votre bénédiction.

Sr PHILOMÈNE DE SANTA COLOMA,
par la miséricorde de Dieu, religieuse Minime, et fille professe du plus grand de tous les Saints, le Patriarche saint François de Paule.

« P.-S. — A vous, ma très chère mère, je demande de nouveau la même visite à Jésus, Marie et Joseph, mes fidèles conseillers.

Un salut tout spécial à mes oncles Joseph et Michel, mes tantes Ildefonsa et Rose, et à Mme Marie. »

V

SŒUR PHILOMÈNE RÉPOND A SON FRÈRE FÉLIX QUI LUI AVAIT ANNONCÉ DES DEUILS DE FAMILLE — ELLE LUI ADRESSE QUELQUES PIEUSES EXHORTATIONS — TENDRESSES A SON FRÈRE.

J. M. J.

Valls, 10 février 1867.

A M. Félix Ferrer et Galceran, à Mora de Ebro.

« Mon très cher et très estimé frère Félix dans le Très Saint Cœur de Jésus. J'ai ressenti une grande joie à la réception de ta lettre, bien qu'après l'avoir lue, j'eus des motifs suffisants d'être très peinée, par la mort de mon oncle Raymond, de ma cousine germaine Rosalie et de l'oncle Michel (Q. E. P. D.), tous si dignes de notre affection. Mais comme tu l'as si bien dit, mon cher frère, c'est le Souverain Maitre qui a voulu en disposer ainsi ; et cette pensée doit nous remplir d'une sainte résignation, puisque nous savons bien qu'il dispose toute chose pour notre plus grande utilité et notre plus grand profit. En cette occasion, toute notre communauté a prié en commun pour le repos éternel de nos défunts susdits, et m'a chargée de présenter ses condoléances à toute la famille, mais plus spécialement à mes père et mère et à vous, mes frères, comme étant plus intimement unis à nous autres, grâce à l'infinie bonté du Seigneur. La conclusion que nous devons tirer de là, mon cher frère, est de nous persuader de plus en plus de l'incertitude de cette misérable vie. Il ne sert à rien d'être jeune ou vieux : quand l'heure est arrivée, la misère succède tout à coup à l'opulence, la poussière remplace la vanité, les vers s'attachent au plus beau visage. Qui donc, mon frère, pourrait aimer ce qui doit avoir bientôt une fin si malheureuse ? Non, bien cher frère, nous autres, nous sommes créés pour aller en la patrie de ceux qui vivent éternellement, et non pour demeurer parmi les esclaves de la mort. Si nous conservons nos cœurs purs et non souillés par la poussière et la boue de ce monde trompeur, nous nous envolerons un jour là où nous attendent déjà cinq autres petits frères. Que Dieu nous accorde de nous y voir bientôt réunis tous ensemble, grâce à sa miséricorde infinie.

» Notre R. P. Narcisse vient d'être nommé à la charge de provincial de cette même province de notre sainte religion Minime; il vous envoie à tous un affectueux salut. En outre, il prie ma mère d'avoir la bonté, si toutefois mon père y consent, de venir résider dans cette province. Il semble à mes bien-aimés supérieurs qu'ainsi le demande la gloire de Dieu; qu'ils ne craignent pas, d'ailleurs, d'en recevoir aucun dommage, Dieu ne le permettra pas. Ainsi donc, nous l'attendons d'ici peu, pour lui découvrir ce que, pendant si longtemps, nous avons gardé en silence.

» Avec la bénédiction de ma Mère supérieure, je t'envoie ce petit souvenir, qui, bien que de peu de valeur, est pourtant le bijou le plus cher à mon cœur. C'est une imagette que je gardais précieusement dans mon saint bréviaire, et qui représente l'Enfant Jésus en train de pêcher des cœurs. Demande-lui donc, très cher frère, de prendre les nôtres, et de les mettre dans cette petite corbeille qu'il tient à son côté, afin que nous ne puissions plus jamais nous séparer de lui.

» Reçois maintenant, mon cher frère, ainsi que mes parents et mes petites sœurs, mille affectueuses salutations de toute notre sainte communauté, et en particulier de notre Père provincial, le R. P. Narcisse, de la Mère supérieure, de la Mère surveillante, et enfin de ta sœur qui t'aime. Je te demande aussi de saluer Michel quand tu lui écriras, et d'en faire autant à tous nos parents, voisins et amis, et plus spécialement à mon oncle M. Joseph, ma tante Rose et Mme Marie. Tu participeras également mes condoléances à mon oncle Michel pour la mort de Rosalie (Q. E. P. D.) et à son fils Michel; tu lui diras de faire tout son possible pour être bien obéissant à son père, qu'ainsi l'ordonne la sainte loi de Dieu.

» Ton indigne sœur qui t'aime de tout son cœur, et désirerait tant te voir.

Sr PHILOMÈNE SANTA COLOMA,
Minime déchaussée. »

VI

SŒUR PHILOMÈNE, AYANT APPRIS LA MALADIE DE SA MÈRE, LUI ENVOIE SES VŒUX. — ELLE REPARLE A SON FRÈRE FÉLIX DES GRANDES DOULEURS ET INFIRMITÉS DONT DIEU LA FAVORISE.

J. M. J.

Valls, 5 février 1858.

A M. Félix Ferrer et Galceran,
à Espluga de Francoli.

« Paix et joie dans le Saint-Esprit, et salut à toi, mon très cher frère, ainsi qu'à mes parents et mes sœurs, que j'aime tant dans le très doux Cœur de Jésus. J'ai reçu ta bonne lettre du 22 décembre passé, et, bien que tu m'y laissasses libre de te répondre, la grande affection que j'ai pour toi me presse à ne pas profiter de ta générosité. Tu me parlais de la grande faiblesse de santé de notre mère; je l'appris également plus tard par notre Révérend Père Provincial. Fais ton possible, mon cher frère, pour la consoler, et dis-lui que nous la recommanderons instamment à Dieu, afin qu'il lui dispense ce qu'il jugera le plus utile pour elle. Quant aux moyens de l'obtenir, ma mère les connaît mieux que moi, et pourrait les enseigner à la pauvre ignorante et impatiente que je suis.

» Oui, mon frère, oui : gloire, honneur et bénédiction soient à jamais rendus à Dieu, qui daigne ainsi visiter par tant de souffrances son indigne esclave. Quel bonheur est le mien de me voir jour et nuit crucifiée avec le Christ Jésus! Les médecins n'ont épargné aucun soin, aucun effort, et ils ont dû plusieurs fois déjà m'abandonner comme désespérée: le Seigneur a voulu que tout soit inutile, et ne m'apporte pas le moindre soulagement. Puisqu'il en est ainsi, patience! je veux m'en reposer tranquillement dans le Cœur de mon bien-aimé Jésus, ne désirant autre chose que de faire en tout sa très sainte volonté, à laquelle c'est mon plus grand bonheur d'être soumise. Tu sais bien sans doute, mon cher frère, que nous sommes tous créés pour jouir de Dieu, et, pour obtenir une fin aussi belle et aussi heureuse, il nous faut accomplir en tout la volonté de notre Père céleste qui est dans les cieux.

» Je te prierai maintenant, mon cher frère, de participer à mes parents et à mes petites sœurs mille affectueuses salutations de la part du Révérend Père Provincial, de la Mère supérieure, de la Mère surveillante, et enfin de ta sœur qui, conjointement à toute la communauté, vous salue.

» Ton indigne sœur qui t'aime de tout cœur, et T. P. B.

Sr PHILOMÈNE DE SANTA COLOMA,
Minime déchaussée. »

« P.-S. — Aie la bonté, mon cher frère, de prier mes parents de m'excuser si je ne leur écris pas; car je suis persuadée que le Révérend Père Provincial doit le faire en mon nom, sachant bien que mon triste état de santé ne me le permet pas. Je leur demande à tous de bien me recommander à Dieu. »

Les forces de Josefa allèrent s'affaiblissant de plus en plus. Mère et fille devaient, à brève échéance, se retrouver au ciel. Leur attente mutuelle ne fut que de trois mois;

mais Philomène, durant sa dernière maladie, ou pour mieux dire, durant le dernier acte de son crucifiement, eut l'inexprimable joie de savoir que sa mère la précédait dans l'éternelle patrie, peut-être même de l'aider au moment suprême du départ.

Deux de ses compagnes firent devant les Juges la déposition suivante:

« Nous étions avec Sœur Philomène à l'infirmerie, et notre lit n'était séparé du sien que par un paravent, de telle sorte que nous pouvions sans effort saisir ce qu'elle disait lorsqu'elle parlait à voix ordinaire.

» Dans la matinée du 13 mai, elle fut absorbée et comme abîmée dans une contemplation, que nous nous efforcions de ne troubler en rien. Nous l'entendîmes discourir assez longuement, comme si elle avait un entretien avec un interlocuteur à nous invisible, sans toutefois comprendre ce qu'elle disait, et moins encore ce à quoi elle répondait. Mais, soudain, sa voix devint plus nette et presque vibrante, et nous entendîmes distinctement ces paroles: « Oui, mère chérie, oui, tu peux maintenant partir pour le ciel..... pour le ciel..... pour le ciel.....! » Elle eut, peu après, une telle expression de joie, malgré ses propres souffrances, que nous fûmes convaincues qu'elle avait vu sa mère s'envoler aux cieux. »

CHAPITRE VIII

LE TRAVAIL DIVIN

JÉSUS-CHRIST, PREMIER OUVRIER DE LA SAINTETÉ — IL SOUMET SON ACTION A L'OBÉISSANCE — LA DISCIPLINE DOULOUREUSE, MAIS NON SANGLANTE — PAS DE POISSON FRAIS — REFUS DU CONFESSEUR, ET PUIS SON ACQUIESCEMENT — SŒUR ASSUNTA, ÉMULE DE PHILOMÈNE — LEURS JEUNES COMPLÉMENTAIRES — LEURS PETITES INDUSTRIES — SŒUR FÉLICITÉ DOIT LES IMITER — ORDRE DONNÉ A PHILOMÈNE D'ÉCRIRE SES ÉTATS D'AME — SON PREMIER MOUVEMENT DE RÉSISTANCE — LE P. JUAN BADIA DE LLAGUNA, CAPUCIN — SES RELATIONS AVEC LA SERVANTE DE DIEU — IL LUI FAIT ENTREVOIR LE CIEL.

Une telle richesse d'âme, qui lui conciliait le respect et l'affection de ses Sœurs, aurait été sans doute pour la servante de Dieu un danger réel d'orgueil ou d'affadissement spirituel. Les prédilections divines prévinrent cette éventualité en augmentant, proportionnellement avec les dons, l'esprit d'humilité et d'obéissance.

Il est à remarquer que Sœur Philomène, contrairement à tant d'autres saintes religieuses, n'eut rien à souffrir dans sa communauté, ni des supérieures, ni de ses Sœurs, sauf l'incident de Sœur Engracia, ni des confesseurs ou supérieurs ecclésiastiques. Le Maître, qui a su admirablement diversifier dans les fleurs la couleur et la forme, sait aussi multiplier à l'infini, dans les âmes, fleurs de l'éternité, son labeur d'embellissement. Nous oserions dire, s'il n'y avait quelque témérité à scruter les modes divins de ce labeur, qu'il voulut pour Sœur Philomène agir seul et de première main, tout en soumettant, en quelque sorte, ses mystérieuses opérations aux lois imprescriptibles de l'obéissance. Ainsi, l'artiste, après avoir dirigé le dégrossissage des manouvriers, prend lui-même le ciseau pour parfaire son œuvre: à cette différence près qu'il doit, pour ce travail personnel, écarter ses auxiliaires; tandis que l'Artiste divin opère dans la plénitude de son initiative, sans entraver aucunement l'action de ses subordonnés; bien plus, sans se soustraire lui-même à l'autorité des supérieurs. C'est ainsi que, souvent, après avoir inspiré d'abord, et puis formellement imposé à sa servante, quelque pratique spéciale de mortification, Notre-Seigneur, devant le refus de la supérieure ou du confesseur, suspendait ou modifiait son désir, et bénissait Sœur Philomène d'être soumise à l'obéissance pour ainsi dire officielle, plutôt qu'à ses propres inspirations. En d'autres circonstances, le divin Maître, connaissant l'opposition faite à sa servante, n'en urgeait pas moins pour l'accomplissement de sa volonté; mais, alors, son action secrète portait les Supérieurs à autoriser volontiers ce qu'ils avaient d'abord réprouvé. Sœur Philomène avait passé plusieurs jours à préparer, à l'insu de tous, une discipline en chaînettes de fer. « Cet instrument de pénitence à peine terminé, elle vint, écrit son confesseur, me le montrer avec la joie d'un avare qui a découvert un trésor. J'étais loin de partager son enthousiasme, et, prenant cette discipline meurtrière, je la gardai, dans la ferme intention de ne pas la rendre. « Je crois, dit Sœur Philomène, que Notre-Seigneur veut de moi cette pénitence. — Et moi, avant de la permettre, je veux m'en assurer; vous aurez plus tard ma réponse définitive. » Sœur Philomène n'insista pas autrement; mais son affirmation, si calme et si assurée, m'avait ébranlé, car je savais combien elle était éloignée, dans sa piété, des boutades nerveuses et du zèle fantasque. Quand elle revint me demander la réponse promise, je voulus exprimer mes craintes sur les conséquences probables de cette dure discipline; mais la servante de Dieu, comme si elle avait lu dans ma pensée, prévint mon objection: « N'ayez aucune crainte, mon Père, je vous *assure* que cette discipline ne me fera pas grand mal et ne nuira en rien à ma santé; laissez-moi seulement en faire la preuve, et vous verrez..... »

» Je crus donc pouvoir et devoir autoriser cet essai, mais à deux conditions: la première, qu'elle n'irait pas jusqu'à faire jaillir le sang; et la seconde, que cette discipline ne dépasserait pas la durée que je fixai moi-même. Lorsque, après un certain temps, je lui demandai, pour m'assurer de sa modération, s'il lui était arrivé de faire jaillir le sang: « Non, mon Père, me répondit-elle avec un sourire de bonheur, non jamais; mon bon Jésus veut que je vous obéisse en tout, et comme vous m'avez défendu de faire jaillir le sang, au lieu de sang, il sort de l'eau; puis les déchirures que font les chaînettes se referment d'elles-mêmes à chaque nouvelle discipline. » Cette réponse me remplit d'étonnement, et je ne pus m'empêcher de m'écrier, dans l'intime de mon âme: « Mon Dieu, que vos voies sont admirables! »

Dans une autre occasion, le confesseur n'eut pas la même condescendance. Il est de règle, dans l'Ordre des Minimes, de ne jamais manger du gras. Les fils et les filles de saint François de Paule ajoutent aux vœux ordinaires de religion celui d'une abstinence perpétuelle : de telle sorte que, dans leurs communautés, l'aliment le plus substantiel est le poisson frais.

Or, Sœur Philomène, quelque temps après sa profession, comprit que le divin Maître lui demandait de se priver de cette nourriture qui lui était assez agréable. Malgré son désir d'éviter toute singularité, et l'impulsion devenant chaque jour plus vive, elle en parla à son confesseur. Le saint homme se récria; Sœur Philomène insista parce qu'elle avait reçu de Notre-Seigneur l'ordre formel de renouveler sa demande; mais le confesseur ne se rendit pas à ses raisons : « Vous priver de poisson ne vous ferait aucun mal, dites-vous; en manger vous en fera encore moins. » Sœur Philomène se soumit et s'efforça de racheter, par d'autres austérités, celle qui lui était refusée. Mais le confesseur se trompait, ou plutôt Notre-Seigneur, tout en bénissant sa prudence et la docilité de Sœur Philomène, exigeait néanmoins cette mortification et assurait Sœur Philomène qu'Il lui donnerait des forces pour la supporter, tandis qu'elle resterait sans vigueur si elle continuait à prendre cet aliment. Placée dans cette alternative douloureuse de ne pas tenir compte des désirs si formels de son divin Époux, ou de faire auprès du confesseur des instances qui lui paraissaient une sorte d'insubordination, Philomène était dans l'angoisse. Aussi ce ne fut qu'après six mois qu'elle se décida à renouveler sa demande; et cette fois encore, le confesseur, sans refuser complètement, accorda le moins possible et n'autorisa l'abstinence du poisson frais que le vendredi et le samedi, avec obligation expresse de se conformer, pour les autres jours de la semaine, au régime de la communauté. L'heure devait venir bientôt d'une permission plus large et d'austérités plus dures.

La compagne préférée de Philomène, si le mot de préférence peut trouver place dans un sentiment de charité si complète envers toutes ses Sœurs et envers chacune d'elles, était la Sœur Assunta (de l'Assomption). Cette sainte religieuse, amie et émule de la servante de Dieu, s'unissait volontiers aux pratiques de piété et de mortification de Philomène. Ensemble, elles obtenaient de la supérieure la permission de rester en cuisine, pendant les repas, sous prétexte du service; mais en réalité, pour cacher leurs austérités. Quelques herbes ou des fruits secs, quand ce n'était pas seulement le pain et l'eau, constituaient toute leur nourriture. On les vit plusieurs fois chercher furtivement leur dîner dans les détritus que l'on mettait de côté pour les chats et, un jour, on entendit Sœur Assunta se plaindre parce que Philomène n'avait pas mis dans sa pitance à elle autant de cendres qu'Assunta en avait mis dans celle de Philomène. Ensemble aussi, Philomène et Assunta passaient, sans prendre aucune nourriture, des semaines et des carêmes entiers, mais en alternant l'abstinence, c'est-à-dire que Sœur Philomène restait à jeun quand Sœur Assunta mangeait, et le jour suivant, Sœur Philomène allait au réfectoire pendant que Sœur Assunta allait prier ou restait en cuisine.

La communauté, malgré les petites industries des deux amies, eut bien vite deviné leurs héroïques ententes. Aujourd'hui, disaient les Sœurs, c'est le tour de Philomène; demain, ce sera Assunta!.....

Ce besoin de mortification, en union avec les souffrances physiques du divin Maître, Sœur Philomène le communiquait, avec un tact exquis, à ses Sœurs les plus ferventes. On a toutefois remarqué que ses exhortations à l'austérité étaient moins une inspiration de son zèle qu'une indication qu'elle recevait elle-même de Dieu et qu'elle communiquait à la destinataire.

« Un jour, Sœur Philomène, c'est la Sœur Félicité du Saint-Esprit qui fait cette déposition, un jour, Sœur Philomène me dit à l'improviste : Chère Sœur, c'est la volonté de notre bon Maître que vous vous absteniez de manger du poisson. Cette privation ne m'allait pas du tout; soit par faiblesse de tempérament, soit pour ne pas me faire remarquer des autres, je continuai à manger mon poisson. Mais, bientôt, je tombai si gravement malade que les médecins me déclarèrent phtisique. Languissante, sceptique à l'égard de tous les remèdes qui avaient aggravé mon mal au lieu de le soulager, je me résignais à ma fin prochaine, lorsque je repensai à la demande de Sœur Philomène. Avec les permissions voulues, je repoussai les mets des infirmes et notamment le poisson; et cette privation fut mon remède. Les forces me revinrent et je pus reprendre à brève échéance toutes les observances de la communauté. Depuis lors, à chaque fois que j'ai voulu, par condescendance ou par immortification, reprendre du poisson, de violentes douleurs d'estomac m'ont rappelée à l'ordre et convaincue que Sœur Philomène m'avait, en effet, notifié la volonté de Dieu. »

Cette volonté de Dieu, Philomène, nous l'avons vu, ne l'acceptait que sur le contrôle de ses supérieurs légitimes. L'obéissance était, à ses yeux, la norme sacrée à laquelle les désirs, les ordres mêmes de son divin Époux devaient s'assujettir.

Une fois seulement, Sœur Philomène laissa apercevoir un premier mouvement de résistance très nette au désir de son confesseur, qui rapporte ainsi ce fait : « Je lui demandai un jour de m'écrire une relation claire et détaillée des grâces intérieures dont Dieu la favorisait, afin de pouvoir la diriger plus sûrement dans les voies de la perfection religieuse. Blessée dans son humilité si délicate, elle me répondit d'assez mauvaise grâce : « Mais mon Père, à quoi bon ces écritures?..... » Sans m'arrêter à cette réponse, ni à ce ton un peu leste, je me bornai à lui rappeler la loi de l'obéissance. Philomène, rentrant aussitôt en elle-même, se mit à pleurer sa faute, et à m'en demander pardon en termes si émus, que je pus à peine lui cacher la vive impression qu'ils firent sur mon cœur. »

L'impression du confesseur serait allée peut-être jusqu'à lui faire contremander l'ordre qu'il venait de donner, s'il n'eût été puissamment encouragé et soutenu, dans cette requête, par son saint et savant ami, le P. Jean Badia de Llacuna, qui était aussi son confesseur. Ce religieux, de l'Ordre des Capucins, est précisément « cet homme de science et de vertu » dont la vénérable Philomène, dans son compte rendu du 2 avril 1866, désire avoir l'avis sur ses états d'âme. Le P. de Llacuna avait été maître des novices, missionnaire et puis Lecteur de théologie, lorsque la triste révolution de 1835 le chassa, ainsi que tous les autres religieux, de son couvent et de sa patrie. Il se réfugia en Italie, mais en tenant toujours les yeux ouverts du côté de l'Espagne. A la première accalmie, il se hâta de retourner en Catalogne et obtint de pouvoir habiter, en compagnie d'un frère lai, son compagnon, un recoin de son ancien couvent de Valls. Les privations et les souffrances, jointes à ses incessantes études et à ses travaux de ministère, provoquèrent une maladie d'yeux qui lui fit complètement perdre la vue, mais sans amoindrir son courage, ni amortir son zèle. A Valls et dans tous les environs, le saint Père aveugle était en réputation de haute sainteté; et bien des âmes recouraient à ses lumières et à ses prières. Il mourut le 10 du mois d'août en 1872, quatre ans après Sœur Philomène Ferrer qui l'appelait son très aimé Père. Le vieillard, à son tour, gardait une prédilection toute paternelle à la *chère petite* « mi mozetta » dont il avait entrevu les mérites et la sainteté.

Sœur Philomène tenait grandement à ses conseils et lui demandait souvent son avis. Le P. Narcisse Dalmau était l'intermédiaire de ses relations entre la sainte religieuse cloîtrée et le vieillard aveugle. Ordinairement, la réponse du P. Llacuna était transmise de vive voix, mais quelquefois son enfant privilégiée désirait, pour plus de sûreté, un écrit qu'elle pouvait relire. Ces écrits, en langue catalane, étaient toujours laconiques. Le P. Jean les dictait à un jeune étudiant à qui il enseignait la théologie, mais sans lui dire, par discrétion, quelle en était la destinataire. Voici un des derniers billets que Sœur

Philomène reçut de son saint ami, qui lui annonçait de nouvelles croix et lui faisait entrevoir le ciel: « Jésus, Marie, Joseph. Très appréciée en Jésus-Christ. Soyez persuadée que votre esprit est uni à Jésus-Christ. Toutefois, le Seigneur veut encore une autre intimité, et cette intimité ne peut s'effectuer sans une autre croix que votre Époux vous enverra; et je crois qu'il la recevra de vous avec liesse et satisfaction, et vous continuerez à gravir la montagne comme Élie. Et, si la flamme d'amour vient à languir, arrêtez-vous à l'ombre de votre Époux; introduisez-vous, pour vous reposer un tantinet, dans la plaie de son côté; et, ainsi ranimée, vous reprendrez votre ascension, sans regarder le chemin parcouru, mais celui qui vous reste pour arriver à la montagne sainte de Sion. Là-haut, vous vous reposerez; là-haut, vous jouirez; là-haut, là-haut! »

Ce fut précisément sur les instigations du P. Llacuna que le confesseur ordinaire de la vénérable Philomène, le P. Narcisse Dalmau, demanda et exigea de sa pénitente le compte rendu de ses états d'âme, c'est-à-dire ces pages intimes, ces sublimes élévations qui, plus tard, nous l'espérons, lorsque la Sainte Église aura prononcé son verdict infaillible, auront leur place dans les annales de l'hagiographie mystique, à côté des écrits de la séraphique Thérèse d'Avila (1).

(1) Relation manuscrite envoyée à l'auteur par la plus jeune sœur de la servante de Dieu, Sœur Emanuela.

CHAPITRE IX

GRACES EXTRAORDINAIRES
ET
ASSAUTS DIABOLIQUES

IMPUISSANCE ET ARDEUR DE L'AMOUR — LE PÉNITENT ET SA MAUVAISE CONFESSION — INTERVENTION MIRACULEUSE DE LA VÉNÉRABLE — APPARITION ET NOURRITURE DU CIEL — IMPUISSANCE A RETENIR AU CHŒUR LES ARDEURS DE SA PRIÈRE — LA SÉCHERESSE DE 1863 — SUPPLICATIONS DE PHILOMÈNE — DÉCEPTION ET NOUVEAUX ASSAUTS DU DÉMON — LE REMÈDE DE SŒUR ENGRACIA — TENTATIONS TROP PÉNIBLES — ELLE AU CIEL; TOI EN ENFER — RÉVÉLATIONS SUR LE TRIOMPHE FUTUR DE L'ÉGLISE ET SUR LES ENNEMIS DE PIE IX — LES SOURCES DE SALUT PRÉVUES PAR PHILOMÈNE ET INDIQUÉES PAR LÉON XIII.

L'amour appelle l'amour. Au cœur vaillant qui se donne sans mesure, le divin Maître demande encore de nouvelles donations. On dirait qu'il élargit progressivement dans ces âmes généreuses la force d'aimer, afin qu'elles puissent s'épuiser en aimant et, dans cet épuisement même, retrouver une capacité plus complète et plus profonde pour aimer plus et mieux. C'est alors le tourment suave qui arrachait à sainte Thérèse ce cri de sublime impuissance: « Je me meurs de ne pouvoir mourir. » En effet, les divines tendresses, pour les âmes blessées d'amour, les ineffables douceurs qui lui donnent un avant-goût du ciel, sont, sans doute, dans ce martyre mystique, une intermittence et une récompense; mais elles sont plus encore une incitation à de nouveaux sacrifices.

La vénérable Philomène a connu ces douceurs et ces tortures. Après chaque acte d'héroïque amour et chaque tendresse du divin Maître, elle avait à souffrir plus durement de cette soif d'amour toujours désaltérée et toujours inassouvie.

Durant le Carême de 1863, un jour où le confessionnal du P. Dalmau était assiégé de pénitents, Philomène, qui était en oraison dans le chœur de la communauté, vit en esprit un homme qui, par une mauvaise confession, ne faisait que river davantage les chaînes de son âme. « Je ne saurais dire, raconte-t-elle, toute la douleur que j'éprouvai. Il me sembla que je poussais de grands cris vers le trône de la divine miséricorde, conjurant Dieu de m'accorder la grâce de voir cet homme se délivrer du joug du démon, en confessant le péché qui retenait son âme esclave. J'obtins enfin la faveur demandée; le pénitent finit par avouer la faute qu'il voulait taire, et je vis le démon contraint d'abandonner cette âme qui ne lui appartenait plus. Mais ce ne fut que pour tourner contre moi sa rage infernale. Il vint se placer à mes côtés, allant et venant autour de moi pour m'effrayer de ses menaces et de son immonde présence; mais, pourtant, je ne craignais rien de ses impuissantes fureurs. »

Combien fut agréable au Cœur de Jésus et à sa Très Sainte Mère cette œuvre de miséricorde de Philomène;

on peut le voir par la faveur signalée dont ils l'en récompensèrent aussitôt après. J'ai voulu la rapporter ici, ajoute le confesseur, pour exciter ceux qui la liront à travailler avec ardeur à la conversion des pécheurs, et surtout pour la consolation de ceux qui, en raison de leur caractère sacerdotal, remplissent ce ministère aussi sacré que laborieux.

« Dans le même temps que le démon rôdait autour de moi, je me sentis très doucement touchée à l'épaule droite, et je vis, en me retournant, un ange d'une très grande beauté qui m'invitait à le suivre dans le petit chœur, attigu à celui de la communauté. Il me sembla que je lui obéissais ni de bon ni de mauvais gré, n'étant plus maîtresse de mes facultés intérieures. En entrant dans ce réduit, je vis Jésus et Marie; ils m'adressèrent de tendres paroles, et m'invitèrent à me reposer en leur douce compagnie de la bien petite fatigue que j'avais eue en priant pour l'âme dont j'ai parlé plus haut, ainsi que des assauts et menaces du démon. Je demeurais toute frappée d'étonnement, et sans savoir ce que je devais faire, quand il me sembla que la Mère et le Fils me faisaient goûter un aliment exquis, et boire une liqueur toute céleste et divine. La saveur de cette nourriture me fit prendre dès lors en dégoût tous les aliments d'ici-bas, en même temps qu'elle laissa dans mon âme une douceur ineffaçable. »

Cette sublime condescendance du Fils et de la Mère fit mieux comprendre à Philomène quelle ineffaçable consolation procure, aux cœurs si aimants de Jésus et de Marie, la conversion d'un pécheur. Elle sentit alors s'accroître son amour déjà si ardent pour tous les malheureux qui se trouvaient en ce triste état; elle résolut de ne reculer devant aucune fatigue, pour si grande qu'elle fût, dût-elle même donner mille fois sa propre vie, en vue d'obtenir le salut d'une seule âme.

Le Seigneur, la voyant dans d'aussi saintes dispositions, lui faisait connaître souvent les diverses nécessités de certaines âmes, lui ordonnant de salutaires pénitences pour leur venir en aide. Philomène s'en acquittait le plus promptement et le mieux possible, obtenant le plus souvent la grâce désirée, et acquérant continuellement de nouveaux titres aux bontés du Cœur de Jésus.

Un jour, le Seigneur ravit en esprit Philomène, l'inondant de suaves délices, et allumant dans son cœur une vive flamme d'amour de Dieu et de charité envers le prochain. Les ardeurs qui l'embrasaient étaient si vives qu'elle s'écriait: « Oh! mon Dieu, charité éternelle! pourquoi donc ne communiquez-vous pas ce feu qui me consume inutilement à quelques-uns de vos prêtres, qui s'appliqueraient avec plus d'ardeur à gagner des âmes pour le ciel? Oh! comme ils s'efforceraient alors à les arracher de l'esclavage du démon! »

D'autres fois, ces traits de feu blessaient son cœur avec une telle violence, qu'ils lui causaient comme des accès impétueux d'amour de Dieu et des désirs d'aimer encore davantage, d'aimer jusqu'à l'excès. Ces désirs, dit-elle elle-même, voulant comme s'échapper de sa poitrine, oppressaient sa respiration et lui causaient des douleurs mortelles. Comme le feu matériel détruit la couleur et la dureté du fer, et lui communique ses propriétés personnelles d'une manière si surprenante, qu'on ne le dirait plus du fer, mais du feu; ainsi le feu que

Dieu avait allumé dans le cœur de sa servante l'avait assimilé à lui-même, au point qu'entre elle et Dieu, qu'entre Dieu et elle, il ne paraissait plus y avoir qu'un seul cœur, qu'une seule volonté. Cette transformation surnaturelle, qui se produisait en elle après ces ravissements, nous est décrite par ces quelques mots de Philomène: « De sorte que, dit-elle, il n'y a plus entre le Seigneur et son indigne esclave qu'un seul vouloir, qu'un seul non vouloir. »

Ces ravissements surnaturels étaient souvent accompagnés de visions extérieures. Elle vit un jour le bras de Dieu levé, et prêt à s'appesantir sur cette ingrate et coupable génération. Elle éclate alors en sanglots, et s'écrie : « Ah! mes Révérendes Mères, mes bonnes Sœurs, retenez retenez le bras de Notre-Seigneur. O bonne Vierge Marie, apaisez donc votre Fils! » Un autre jour, elle vit un combat acharné que les démons livraient à l'Église : ceux-ci, fiers de leurs avantages, parlaient déjà de se partager les dépouilles de la victoire; alors Philomène s'écria: « Vous ne l'emporterez pas, bêtes immondes. » Ces paroles furent entendues des autres religieuses qui, en ce moment, faisaient oraison; et, comme Philomène était pour elles une cause de distractions, la supérieure vint lui ordonner de se taire. Dans les derniers temps, sachant par une longue expérience que Philomène, dans ces manifestations extérieures, n'était pas maîtresse d'elle-même, la supérieure la faisait sortir du chœur dès les premiers symptômes.

Ce n'étaient pas seulement des nécessités spirituelles que le divin Maître révélait à sa fidèle servante et pour lesquelles Il l'exhortait à supplier sa miséricorde ; mais Il lui montrait aussi des grâces temporelles qu'elle devait, par ses prières et ses pénitences, obtenir de sa bonté en faveur des autres.

Au mois d'avril de 1863, une sécheresse persistante compromettait les récoltes des céréales dans tout le pays. Philomène vit en esprit la disette qui allait suivre avec toutes ses désastreuses conséquences. Elle alla donc trouver le confesseur et le conjura de prier et de faire prier pour obtenir que la miséricorde divine détournât ce fléau. « De mon côté, ajouta-t-elle, je vous demande la permission de ne plus boire d'eau jusqu'à ce que tout danger soit passé. »

Le confesseur ne crut pas prudent de se rendre à ses désirs, et l'exhorta simplement à recommander cette affaire à Dieu. A peine retirée dans sa chambre, Philomène, de toute l'ardeur de son âme, supplia le Seigneur de prendre en pitié son peuple affligé. Puis elle se couvrit la tête de cendres, colla ses lèvres à la terre nue, et demeura ainsi immobile durant l'espace de trois heures. Pendant trois jours successifs, elle renouvela et sa prière et sa pénitence ; et à la fin de ces trois jours, le ciel se couvrit enfin de nuages, et une pluie abondante rendit la vie aux campagnes et l'espoir aux travailleurs.

Le démon avait sans doute escompté, pour ses propres affaires, les souffrances de la disette et les mauvaises inspirations de la misère. Encore une perte qu'il fallait faire payer à l'odieuse Sœur Philomène ! Ce fut donc une recrudescence de tentations, d'apparitions horribles, et, à plus d'une reprise, de violences physiques. Une pesante armoire, que deux hommes auraient eu peine à mouvoir, se souleva d'elle-même et tomba de tout son poids sur

Philomène qui aurait dû en être écrasée et qui, de fait, n'en éprouva aucun dommage.

Un autre jour, Philomène, pour descendre au chœur, mettait le pied sur le premier gradin de l'escalier, lorsque, soudainement, une force invisible la pousse avec violence et la pauvre patiente roule jusqu'au palier inférieur, la tête battant contre chaque degré. Quelques Sœurs accoururent à son aide, et la Mère correctrice demandait à l'infirmière d'aller chercher linges et onguents pour panser les contusions saignantes; mais Philomène la rassura. Ces plaies s'en iront comme elles sont venues: il ne faut pas en tenir compte, sans quoi il faudrait être toujours à quérir remèdes et drogues.

Cependant, la servante de Dieu, pour ne pas révéler les combats qu'elle avait à soutenir contre le Mauvais, acceptait dans ses maladies les remèdes ordinaires qui, Dieu le voulant ainsi, ne servaient le plus souvent qu'à aggraver ses souffrances. Toutefois, Sœur Engracia, à certains symptômes étranges, conjectura que la plupart de ses maux avaient une cause non naturelle: et un jour où Philomène souffrait d'un accès plus violent de ses suffocations habituelles, elle lui donna, pour unique potion, un peu d'eau bénite. L'oppression cessa immédiatement; mais Philomène recommanda à sa compagne de ne pas faire savoir par quel remède elle l'avait soulagée. Sœur Engracia garda plus ou moins fidèlement le secret, mais très exactement sa recette dont elle fit usage en maintes circonstances.

D'ailleurs, dans ces purifications passives, la servante de Dieu souffrait beaucoup moins des violences physiques que des tentations et des angoisses spirituelles. Notre-

Seigneur permit que cette âme si vaillante et si pure connût, jusqu'aux dernières limites, la malice que Satan met en œuvre pour troubler, quand il ne peut les souiller, les cœurs consacrés et les corps voués à la chasteté virginale.

Ces humiliations de la nature étaient pour la servante de Dieu le creuset d'où sa pureté sortait plus radieuse et plus belle. Il n'en était point de même pour les tentations de désespérance et les suggestions d'implacable damnation. La vaillante épouse du Seigneur résistait, de toute l'énergie de sa foi et de sa confiance, aux subtilités dangereuses comme aux assertions péremptoires du Mauvais; mais ces luttes plus intimes l'épuisaient, et on comprend que les prédilections divines aient dû, plus d'une fois, miraculeusement ranimer et réconforter cette pauvre âme atterrée.

A une fête de l'Assomption de la Bienheureuse Vierge Marie, Sœur Philomène, après une longue oraison au chœur, eut l'ineffable privilège d'assister en esprit à l'entrée triomphale de Marie dans les cieux. La vision disparaissait à peine, laissant une traînée lumineuse qui inondait l'âme de Philomène, lorsqu'un ricanement éclata dans ce silence du ciel. « Oui, regarde-la bien, cette femme, cria le démon à Philomène, regarde-la bien, tu ne la verras plus. Elle, au paradis : toi, en enfer, avec moi : car tu m'appartiens, toi et toutes les pénitences, toutes les excentricités, tout cela n'est qu'orgueil et hypocrisie : tout cela ne fait qu'augmenter la provision de bois pour le feu qui te brûlera éternellement. »

Sœur Philomène, malgré le trouble inévitable dans ces suggestions directes du démon, poursuivit son oraison jusqu'à l'heure ordinaire; mais ce contraste soudain entre la vision céleste et les menaces diaboliques l'avait tellement ébranlée qu'elle dut, dès le matin, aller chercher auprès de sa supérieure consolation et secours, en lui manifestant ce qu'elle aurait voulu taire, les faveurs divines et les efforts du démon.

Cet appel à une consolation extérieure était, pour Philomène, une exception à la règle qu'elle s'était imposée de souffrir en silence et de n'attendre que de Dieu seul le soulagement à ses peines d'âme. Dans ses épreuves spirituelles comme dans ses maux physiques, non seulement elle n'omettait point les observances de communauté, ni les travaux de son emploi, mais même, quand l'écrasement était trop visible, et que ses Sœurs cherchaient à la consoler ou à l'aider, la douce victime du divin Maître, malgré sa gratitude pour leurs intentions charitables, écartait toute consolation et tout secours qui ne venaient pas de Dieu. Elle avait accepté de plein cœur la proposition qui lui fut faite un jour, par le divin Maître, d'être victime d'expiation et d'amour autant et aussi longtemps et de la manière qu'il le jugerait bon; et ce pacte sublime, elle voulait en remplir le mieux possible toutes les conditions. « Si je savais, disait-elle un jour où l'on cherchait à soulager ses épreuves, si je savais où se trouve la consolation en dehors de Jésus, je la fuirais comme le mal! »

Elle était donc dans sa vocation spéciale, cette sainte victime, lorsque, dans un transport divin, elle somma Notre-Seigneur de la frapper elle-même ou de pardonner aux coupables ! Ce fut dans une vision relative à l'Église et à ses épreuves. Le P. Dalmau, dans le courant d'avril 1863, lui manifestait ses tristes appréhensions sur l'avenir de l'Église et les maux qui allaient fondre sur elle. « Le triomphe de l'Église est certain, répliqua Philomène d'un ton très assuré, oui, certain: et ce triomphe, je le vois déjà, mais je vois aussi qu'il sera précédé de longs jours de deuil et de terribles épreuves. »

Le confesseur, ému de cette affirmation si nette, insista pour en avoir les raisons, et Philomène alors lui avoua que, peu de temps auparavant, elle avait eu à ce sujet une vision ou, selon son expression ordinaire, une *connaissance* de ces événements futurs.

Le divin Maître lui avait révélé que les péchés du monde étaient au comble, que la coupe de son indignation était pleine, et qu'il allait la répandre à flots en plusieurs contrées pour venger les offenses faites à sa Majesté Souveraine, et les outrages prodigués à son Cœur si plein d'amour pour les hommes.

En même temps, Dieu mit encore sous les yeux de sa servante un tableau si triste et si lamentable de l'humanité entière, que la seule vue l'aurait fait mourir de douleur, s'il ne l'avait soutenue Lui-même; et ce fut alors que, se rappelant son sacrifice de victime, elle répliqua au divin Sauveur: « Mon Dieu, effacez-moi plutôt du livre de vie, si vous ne voulez pas faire miséricorde! » (1) Elle vit ensuite les trois quarts du monde en proie à la désolation et aux bouleversements. La quatrième partie, à laquelle appartenait le couvent de Valls, lui sembla châtiée moins sévèrement, mais non point exempte du fléau général. Le Seigneur lui révéla en dernier lieu que,

---

(1) Cette supplication rappelle la sublime parole de saint Paul qui désirait être anathème pour ses frères.

de tous les ennemis qui persécutaient alors si méchamment son Vicaire sur la terre, le saint Pontife Pie IX, les uns feraient une fin des plus tristes, et les autres se convertiraient; que Pie IX ne sortirait pas de Rome et qu'enfin, une grande nation entrerait dans le sein de l'Église catholique.

Tous les événements religieux, politiques et sociaux qui, depuis cette époque, vont se déroulant dans le monde, témoignent clairement en faveur de la prédiction de la Servante de Dieu.

Les longues épreuves annoncées par Philomène touchent-elles à leur fin ? Les enfants de lumière, oppressés de toutes parts par les fils des ténèbres, vont-ils voir bientôt le ciel s'ouvrir à leurs appels suppliants ? Dieu seul le sait : mais nous ne pouvons pas ne pas être frappés de cette coïncidence qui, à trente ans de date, nous montre les âmes fidèles accourant aux sources prédites par Philomène. Elle avait annoncé — comme on le lira plus loin dans ses écrits — que le secours viendrait au peuple fidèle par le Sacré-Cœur de Jésus, par l'Immaculée Vierge Marie, par saint Joseph et par saint Michel.

Or, la dévotion au divin Cœur se répand de plus en plus et va s'épurant des scories humaines de la sensiblerie et de l'imagination ; le culte de Marie, des Pyrénées aux Apennins, de la mer Baltique à l'océan Australien, trouve des eulogies et s'affirme par des solennités que nos pères n'ont point connues. Enfin, notre auguste Pontife, le magnanime et pieux Léon XIII, le vicaire de Jésus-Christ, celui dont les lèvres gardent et répandent aux âmes les syllabes d'or, ne cesse de proclamer les grandeurs de l'Immaculée Vierge du Rosaire, de saint Joseph, son chaste époux et de saint Michel, archange.

Custos, quid de nocte? Où en sommes-nous? Que vois-tu, gardien, dans la nuit ?

Je vois le rayonnement plus intense du Cœur qui a tant aimé les hommes.

Je vois l'auréole plus blanche de Celle qui est la miséricorde suppliante.

Je vois le sourire plus doux du Protecteur de l'Église universelle.

Je vois l'épée flamboyante que l'archange Michel, sur un signe de Dieu, prend dans sa main.

O vénérable Philomène, ce que vous aviez *prévu* dans le silence et l'obscurité de votre cloître, nous sera-t-il donné à nous de le voir ?

CHAPITRE X

L'ÉPOUSE CRUCIFIÉE

L'UNIQUE LIVRE — DON DE CONTEMPLATION — JE TE VEUX CRUCIFIÉE ET MORTIFIÉE EN TOUTES CHOSES — AUSTÉRITÉS, ABSTINENCES — SOMMEIL — LUTTES INTÉRIEURES — SAINTES ARDEURS POUR LA CROIX — L'ÉPITHALAME DE L'ÉPOUSE CRUCIFIÉE.

Dans les premiers mois de 1863, un jour que Philomène était en oraison dans sa cellule, le divin Maître lui apparut et lui dit : « Philomène, je ne veux pas que, désormais, tu emploies ton temps à faire des lectures : ton seul livre sera la contemplation de ma douloureuse passion. »

Avant que le Seigneur lui eût ainsi manifesté sa volonté, le confesseur avait prêté à sa fille spirituelle des livres de piété, notamment les œuvres du P. Arbiol ; et elle y puisait, en effet, un aliment des plus salutaires pour sa vie intérieure. Mais, depuis lors, malgré toute sa bonne volonté, elle ne sut jamais saisir une seule des pensées qu'elle lisait : aussi rendit-elle bientôt tous ces livres, en disant que c'était dans sa cellule un meuble inutile. Jusqu'à la fin de sa vie, l'unique livre qu'elle put lire fut celui des douleurs et des angoisses du Cœur de

Jésus. Le divin Maître, en retour, l'admit dans son intimité, fut son maître et son guide dans la voie de la perfection. C'est alors qu'il fut donné à Philomène de voir l'incendie d'amour dont le Cœur de Jésus est embrasé pour le salut des âmes ; de sentir quelques-unes de ces blessures infinies qui affligent et déchirent ce Cœur si aimant et si oublié.

C'est alors qu'elle put connaître, dans une révélation tout intime et des plus merveilleuses, ce que vaut une âme et le prix qu'elle a coûté à Notre-Seigneur. C'est dans ce livre, écrit en caractères de feu et de sang, qu'elle lisait, reproduites comme dans un pur et brillant miroir, les œuvres admirables de ces deux agents si puissants : l'amour et la souffrance, en faveur de l'homme tombé. Son esprit était si entièrement absorbé en la contemplation de ces mystères, qu'elle ne pouvait penser à aucune autre chose, si elle n'y était forcée par l'obéissance.

Était-elle occupée à un travail quelconque, ses mains seules y vaquaient, mais son âme était toute dans le Cœur de Jésus. Et ce recueillement continuel, loin d'être un obstacle à ses travaux d'emploi, les lui faisait au contraire accomplir avec plus d'entrain et de perfection. Quand elle était en compagnie de ses Sœurs, et que celles-ci parlaient de choses indifférentes, ou n'ayant pas de relation avec la Passion du Sauveur, elle n'y faisait aucune attention. Et si, par après, on l'interrogeait sur le sujet de l'entretien, elle répondait simplement qu'elle l'avait déjà oublié, ayant, disait-elle, une tête de linotte.

Elle passait une bonne partie de ses nuits à contempler les tendresses et les douleurs du Cœur de Jésus : et le sentiment de ces peines divines était si vif, le désir qui l'enflammait d'y porter quelque soulagement si brûlant, qu'à peine pouvait-elle, l'heure venue, goûter un moment de sommeil.

Elle n'était pas encore étendue sur la pauvre natte qui lui servait de lit, qu'une impression intérieure lui révélait la présence de son Jésus bien-aimé; et elle se hâtait de l'entretenir: « O divin Époux de mon âme! Vous sur cette croix douloureuse, et moi sur un lit de fleurs! L'Époux qui veille, quand l'épouse repose! O mon Seigneur et mon Dieu! Qui donc vous a cloué sur ce bois? Pourquoi tous ces dards que lance le pécheur contre votre Cœur si aimable? Et n'y aura-t-il donc aucune âme chrétienne pour s'associer à votre douleur, pour pleurer avec vous et par amour pour vous? »

Ce fut dans un de ces épanchements, après s'être désaltérée à longs traits aux sources mêmes du pur amour, que Philomène, sous l'empire d'une impulsion divine, écrivit avec son propre sang une nouvelle donation d'elle-même au divin Cœur. Le signal de la discipline l'avait surprise au moment où son âme était absorbée dans une double et muette intuition: celle de ses péchés, car la lumière divine lui dévoilait, dans toute leur laideur, les moindres imperfections de sa vie, et celle des souffrances de Jésus durant la flagellation. Ce contraste enflamme la vaillante Philomène, et elle commence aussitôt à se flageller, pour ne s'arrêter que quand elle voit couler le sang. Elle trempe alors sa plume dans ce sang, et écrit les lignes suivantes, dont la concision renferme tout un traité de la plus sublime perfection: « Dieu, âme, éternité! Coûte que coûte, je veux me sanctifier. Mon

bien-aimé est tout à moi; et moi toute à lui! Oui, aimer:
et aimer uniquement pour souffrir! Je vous demande,
Seigneur, une longue vie; mais seulement afin de me
voir consumée par la douleur (1)! »

Sa vie ne devait pas être longue, mais remplie, dans sa
brièveté, des souffrances, ou plutôt, des tendresses par
lesquelles les prédilections divines élaborent, dans les
âmes de cette trempe, la ressemblance avec le divin
Modèle.

« Je te veux mortifiée et crucifiée en toutes choses »,
lui dit un jour Notre-Seigneur, et ces paroles laissèrent
dans son âme une telle soif de souffrir, que son plus
grand bonheur eût été de les supporter toutes ensemble,
jusques et y compris le supplice de la croix. Elle le
disait à Dieu dans ses transports d'amour: « O mon
Dieu, mon seul amour, pourquoi donc me donnez-vous
le désir de la croix, et ne me clouez-vous pas les pieds
et les mains sur cette croix? » Cet appel de l'amour
assoiffé fut entendu et pleinement exaucé. En effet, si
Dieu n'alla pas jusqu'à clouer matériellement les membres de sa servante sur une croix, il lui accorda en
échange un vrai crucifiement par des peines et des
souffrances inouïes.

Outre les disciplines de règle, et celles de suréroga-
tion qu'elle avait obtenues de ses supérieurs. Philomène,
aux jours marqués dans son règlement, chargeait ses
épaules de deux lourdes chaînes de fer qui, partant du cou,
se croisaient sur la poitrine, et venaient, en contournant
la taille, se rejoindre à la ceinture. Sous les vêtements

---

(1) Le papier de cette donation sanglante fut trouvé dans la cellule de
Philomène après sa mort.

intérieurs, un cilice de fils d'archal, d'une demi-palme de largeur et hérissé de pointes, déchirait sa chair virginale. Dans ces mêmes jours, elle se mettait sur la tête, en contact immédiat avec le front, une couronne d'épines qu'elle avait enlevée d'un crucifix; et, comme les épines ne lui semblaient pas assez nombreuses ni assez acérées, elle y ajouta des aiguilles à coudre; elle se l'arrangeait, ainsi améliorée, sur la tête et le front, mais en prenant tous les soins possibles, sans toutefois y réussir pleinement, pour bien la cacher sous sa coiffe et son voile. Puis, la nuit venue, quand la communauté prenait son repos, l'épouse, ainsi parée, se chargeait d'une lourde croix et faisait les quatorze stations du crucifiement.

« Je te veux mortifiée et crucifiée en toutes choses, même en tes heures de sommeil. » Philomène, dans la maison paternelle, avait dû subir une force supérieure à sa volonté qui, malgré les ordres de sa mère et malgré son désir de les suivre ponctuellement, la jetait hors du lit et la laissait grelottante sur le sol. Au monastère, sa couche ne devait pas être plus molle, ni son sommeil plus libre.

Dans les premiers jours de novembre 1866, écrit le confesseur, ma sainte pénitente vint me dire: « Mon Père, il m'arrive une chose étrange que je ne puis empêcher: toutes les nuits, je me mets soigneusement dans mon lit et, vers les trois heures du matin, quand je me réveille, je me trouve étendue sur le plancher de ma cellule, reposant très doucement. Je n'y comprends vraiment rien. »

Une semblable révélation, venant d'une personne dont je ne pouvais aucunement mettre en doute la véracité, me surprit beaucoup. Cependant, je dissimulai le mieux que je pus mon étonnement, et lui répondis qu'il ne pouvait y avoir d'autre cause à cela que son peu d'obéissance aux prescriptions de sa supérieure. J'ajoutai qu'elle devait chercher à ne plus retomber dans cette singularité, lui ordonnant expressément de se coucher dans son lit, comme il était de son devoir, et non sur le plancher.

Elle le fit avec exactitude, et cependant, sans qu'elle pût savoir comment la chose se passait, le même incident se renouvela; à la même heure, elle se réveilla et se trouva de nouveau étendue sur le sol, comme les jours précédents.

La Mère supérieure, avertie du fait, voulut s'en rendre compte par elle-même, et, quand elle vit que la chose se répétait tous les jours, à l'insu et contre la volonté de Philomène, elle crut devoir, sur mon conseil, la dispenser de dormir dans un lit, le remplaçant par une simple natte, pour éviter le contact immédiat du corps avec le sol froid et nu. Et, comme l'hiver s'approchait, elle lui donna une couverture, lui permettant, en outre, d'échanger son oreiller contre un tronc d'arbre.

Tels furent les signes extraordinaires dont se servit le Seigneur, pour nous faire comprendre qu'il voulait que sa servante se privât de toute commodité, et même de la dure couchette de la Minime déchaussée.

« Je te veux mortifiée et crucifiée en toutes choses », même dans l'ordinaire, pourtant si frugal, de la communauté. La mortification de l'appétit fut, pour la servante de Dieu, une des plus dures, non point à cause des privations qui en étaient la conséquence, ni même des tentations violentes qui offraient à sa faim le fumet des viandes les plus exquises; mais, à cause de la singularité qui la mettait en relief aux yeux de la communauté. Plusieurs fois, elle aurait voulu entrer dans la ligne; mais Notre-Seigneur, comme le raconte la Vénérable, lui en faisait d'amers reproches, et la contraignait par des maladies et des souffrances sans nom à revenir aux austérités imposées.

Sœur Philomène aurait infailliblement succombé à l'extrême rigueur de ses abstinences, si Dieu ne l'eût soutenue en lui donnant par Lui-même, et spécialement par le Pain Eucharistique, bien plus de force qu'elle n'en aurait jamais pu recevoir de la nourriture la plus substantielle et la mieux apprêtée. Seule, cette force divinement infuse explique comment Philomène, durant les jeûnes les plus rigoureux, pouvait vaquer à ses occupations, parfois très fatigantes, avec l'énergie des Sœurs les plus robustes.

Sur un ordre formel du divin Maître, ratifié par les supérieurs, elle commença le premier mai de l'année 1867 un nouveau jeûne qui dura jusqu'à la veille de l'Ascension, c'est-à-dire l'avant-dernier jour du même mois. Durant cet intervalle, elle ne prenait qu'un morceau de pain, et cela seulement les dimanches; quant aux six autres jours, son unique nourriture était la Sainte Communion. La fête de l'Ascension arrivée, elle cessa cette abstinence pour reprendre sa pratique ordinaire qui était de jeûner au pain et à l'eau trois jours de la semaine.

« Je te veux mortifiée et crucifiée en toutes choses », même dans la piété; car toutes ces austérités corporelles n'étaient rien en comparaison des angoisses qui martyrisèrent son âme et que Notre-Seigneur lui avait annoncées en lui disant qu'elle devait goûter « le calice de sa Passion ». « Quand je pense, écrit le confesseur de la Vénérable, à l'amère désolation et aux ténèbres profondes qui envahissaient son âme en l'absence de son Jésus, absence assez fréquente; quand je la vois face à face avec l'ennemi infernal, se débattant contre de terribles tentations de désespoir, luttant contre l'insinuation diabolique qui lui persuadait que Marie elle-même, Marie, *le refuge des pécheurs*, l'avait, elle aussi, abandonnée pour toujours, à cause de sa méchanceté; quand je me rappelle que son esprit était si obsédé de l'idée de sa propre bassesse et de sa misère, qu'agenouillée à la Sainte Table, et prête à recevoir Jésus-Hostie, je la voyais tout à coup se relever et reculer en arrière, comme si une main invisible l'eût violemment repoussée de ce sanctuaire, où elle craignait, en communiant, de commettre un horrible sacrilège (1); quand, dis-je, je pense à toutes ses angoisses, je crois pouvoir dire avec raison que le Seigneur la tenait véritablement clouée sur la croix. »

Ces épreuves divines, qui réalisaient pratiquement le crucifiement entrevu dans ses sublimes contemplations, laissaient dans l'âme de la Vénérable une sorte de présence réelle du divin Crucifié. Elle ne savait, elle aussi, comme saint Paul, que Jésus et Jésus sur la croix. Mais combien profonde était cette science céleste qui lui

---

(1) Dans ces moments de lutte, un signe du confesseur suffisait pour la ramener à la Sainte Table, où elle trouvait infailliblement lumières, secours et ineffable liesse d'âme, avec un nouveau désir de souffrir toujours plus et toujours mieux.

découvrait, comme en un miroir et jusqu'aux moindres détails, le drame du Golgotha!

La supérieure, un jour de fête où la communauté était dispensée du silence au réfectoire, dit à Sœur Philomène, d'un ton moitié sérieux, moitié badin, de faire aux Sœurs une allocution sur un sujet de son choix. L'invitation était étrange et insolite: mais elle venait de la supérieure, et Philomène obéit aussitôt. Elle va prendre place à l'ambon de la lectrice, inoccupé ce jour-là, et commence à parler sur les souffrances du Sauveur. Bientôt, les Sœurs, d'abord étonnées, et peut-être disposées à plaisanter aimablement sur cette prédication improvisée, laissent là leur nourriture. Le silence de l'émotion règne dans ce réfectoire tantôt si animé; puis, aux paroles enflammées de Philomène, à cet accent vibrant de compassion et d'amour pour le Crucifié, les larmes viennent, les sanglots éclatent de toutes parts, et la supérieure, malgré les plats restés intacts devant chaque Sœur, sonna brusquement la fin du repas, afin d'avoir elle-même et de donner à ses filles la liberté d'aller prier et pleurer au chœur ou dans leurs cellules.

Aux approches de sa Passion, le divin Maître, qui en savait pourtant toutes les ignominies et toutes les tortures, laissait l'amour de son cœur exprimer ce désir de la croix rédemptrice: « Je dois être baptisé d'un baptême de sang, et combien il me tarde de l'avoir consommé! »

Le même amour a, depuis, inspiré les mêmes désirs et les mêmes accents aux amants de la Croix. Les âmes, divinement éclairées sur le prix de la souffrance, peuvent bien être comme écrasées par elle, mais sans cesser de la désirer et de l'appeler.

Sœur Philomène fait à peine mention d'une vision pendant laquelle elle avait reçu de saint Joseph le voile nuptial: elle ne dit que quelques mots sur le don qui lui fut fait de « *l'anneau de la foi!* »; elle se tait complètement sur les tendresses que lui prodigua le doux Enfant de Bethléem et sa divine Mère, durant une longue extase de la nuit de l'Épiphanie; mais, devant la Croix, son cœur exulte, il est plein de cantiques. Écoutons l'épithalame de l'épouse crucifiée:

« Mon Dieu, vous êtes tout pour moi! Oh, mon bien-aimé Jésus! tout ce qui est amer et difficile, je le veux pour moi, et pour vous tout ce qui est doux et suave! Oh! combien douces seront pour moi ces croix et ces épines, portées d'abord par vous, mon souverain bien, et baignées de votre sang!

» Oh! que douce sera pour moi la pensée de votre présence, quand bien même vous vous cacheriez!

» Ne retardez pas longtemps l'heureux moment de mon crucifiement: je l'attends avec anxiété.

» O mon Aimé! comme il me tarde de pouvoir étendre mes mains et mes pieds sur la Croix sacrée d'où me vient le salut et l'éternelle vie!

» Où sont donc, ô Seigneur mon Dieu, où sont ces chemins âpres que je vis et sur lesquels vous me commandiez de marcher? Ah! si je trouvais quelqu'un pour me les montrer de plus près!

» Que je meure en vivant, que je vive sans vivre: rien, je ne désire que Toi, et rien de rien pour moi-même.

» Oh! éternelle félicité, lorsque mon cœur sera une flamme d'amour!

» Oh! si je pouvais avoir les qualités du buisson ardent, je viendrais, en votre royale présence, brûler nuit et jour, et je voudrais ainsi rester jusqu'à la consommation des siècles.

» Que mon sang, ô mon Dieu, que tout mon être se transforme en baume le plus exquis, et que goutte à goutte, dans la lampe de votre Tabernacle, il ait l'heureux sort de se consumer d'amour.

» Venez! venez, ô mon très chaste amour, prenez-moi dans vos bras sacrés, introduisez-moi au plus intime de votre très doux Cœur, et comme mon Maître céleste, apprenez-moi la science de l'amour. Oui, mon Jésus, enseignez-moi, dans ce sanctuaire, à être douce et humble comme Vous, obéissante et pauvre comme Vous, résignée et patiente comme Vous, pleine de charité et de mortification comme Vous ; et qu'ainsi je vive de Vous, je meure avec Vous et je jouisse de Vous, si tel est votre désir à Vous ! »

CHAPITRE XI

SŒUR PHILOMÈNE
RÉFORMATRICE DE SON MONASTÈRE

NOTRE-SEIGNEUR DEMANDE A SŒUR PHILOMÈNE D'ALLER NU-PIEDS — HÉSITATIONS ET REFUS DU CONFESSEUR — PREMIER ESSAI — D'AUTRES SŒURS L'IMITENT — FAITS PRODIGIEUX — EXPOSÉ DE LA COMMUNAUTÉ A L'ÉVÊQUE — RETOUR A CE POINT DE LA RÈGLE — PRÉDICTION DE PHILOMÈNE POUR LE LEVER DE MINUIT — LA CLOCHE DU MONASTÈRE SONNE D'ELLE-MÊME — LES « SERENOS » — DÉLIBÉRATION DE LA COMMUNAUTÉ — RETOUR AU LEVER DE MINUIT — D'AUTRES COUVENTS IMITENT L'EXEMPLE DE VALLS — FONDATION PRÉDITE A MORA DE EBRO.

Le mot de réforme évoque, chez les esprits à courte vue, l'idée souvent fausse et toujours exagérée d'un relâchement volontaire qui aurait atteint, dans l'Ordre à réformer, les sources mêmes de la vitalité. Il n'en est rien. Un Ordre, comme un monastère, se réforme, non pas quand sa sève est viciée — car alors, à moins d'une intervention miraculeuse de Dieu, il va fatalement en dépérissant, jusqu'à extinction ; — mais quand il renferme en son sein des éléments pleins de vie et de ferveur.

Au monastère de Valls, la communauté, vraiment

exemplaire dans l'ensemble, acceptait telles quelles les dérogations accessoires que la faiblesse humaine avait insensiblement apportées aux austérités primitives. Les religieuses s'efforçaient d'atteindre à la perfection de leur état telle qu'on la leur avait montrée dans les années de probation, et ne se demandaient point si elles auraient pu, par certaines observances, faire plus et mieux. Mais ce plus et ce mieux, le bon Maître le demandait de ces saintes filles, et, pour l'obtenir, il se servit de Sœur Philomène, sa privilégiée.

Peu de temps après avoir fait le vœu de perfection dont nous parlerons ci-après, Philomène entendit une voix intérieure qui lui disait : Tu t'es obligée par vœu à pratiquer ce que tu saurais être le plus parfait : or, tu sais bien que l'observance de la Règle primitive de ton Père saint François de Paule est d'une plus grande perfection que celle que tu professes actuellement ; c'est pourquoi tu dois aussitôt te mettre nu-pieds comme le prescrit la Règle primitive.

Philomène savait bien que, selon cette sainte Règle dont tout l'esprit est fait d'humilité et de sacrifice, la religieuse Minime doit aller déchaussée ; et non seulement elle le savait, mais encore elle désirait depuis longtemps s'assujettir à cette prescription.

Sur cette invitation de son divin Époux, Philomène, sans s'arrêter un instant aux mille difficultés pratiques, résolut de répondre sur-le-champ à ses désirs, et alla aussitôt en demander la permission au confesseur.

« Mon Père, je voudrais aller déchaussée, ainsi que le prescrit la sainte Règle. »

« Une demande aussi inattendue, écrit le confesseur,

me parut des plus indiscrètes. Ne voyant là qu'un pieux désir de se mortifier, et réfléchissant d'un autre côté aux nombreux inconvénients qui, selon moi, devaient résulter de cette innovation, au détriment de la paix et du bon ordre de la maison, je répondis à Philomène que de pareilles demandes ne se faisaient même pas.

» Elle inclina la tête en signe de soumission, se disant en elle-même : J'ai rempli ma mission, Dieu y pourvoira.

» Trois semaines après, elle revint avec la même prière, et s'en retourna avec le même refus. Mais cette fois, elle ajouta : « Mon Père, je ne mourrai pourtant pas Minime chaussée. » Cette prédiction ne fit aucune impression sur moi, quoique j'eusse vu déjà se réaliser toutes ses prédictions antérieures.

» Comment pouvais-je, en effet, concilier deux choses aussi contraires aux yeux de la prudence humaine : d'une part, garder dans la même communauté une religieuse professant une Règle plus austère, et, d'autre part, éviter les murmures et le mécontentement de toutes les autres Sœurs qui, habituées et fidèles à l'observance du moment, n'avaient aucun désir de cette innovation? Aussi, la nouvelle instance de Philomène, même appuyée de sa prédiction, ne modifia en rien ma manière de voir.

» La chose en était là, quand, quelques jours plus tard, c'est-à-dire le 20 juillet de la même année, Philomène revint encore à la charge, mais avec beaucoup plus d'insistance. Je maintins mon refus sans aucune hésitation ; mais quel ne fut pas mon étonnement en la revoyant le soir même de ce jour me faire de nouvelles instances, et ajouter ces paroles sans réplique : « Mon Père, Dieu m'envoie vous dire que c'est sa volonté que j'aille déchaussée, selon que le prescrit la sainte Règle. »

Jamais, au grand jamais, Sœur Philomène, pour donner plus de force à ses demandes, ne s'était autorisée, à moins d'un ordre formel, du nom de Celui qui l'envoyait à son confesseur. Aussi, devant cette notification, le saint P. Dalmau, sans toutefois donner encore la permission, répondit qu'il en conférait avec la supérieure.

Supérieure et confesseur décidèrent qu'il serait bon d'autoriser un essai. Si la chose vient de Dieu, disaient-ils, toutes les difficultés s'aplaniront d'elles-mêmes ; au cas contraire, les inconvénients pratiques nous permettront de couper court à cette ferveur inconsidérée.

En conséquence de cette décision, Sœur Philomène se montra, pour la première fois, déchaussée, le jour de saint Jacques, apôtre, de l'année 1866.

Après le premier étonnement, cette singularité, loin de provoquer des désordres, ne fit, au contraire, qu'exciter dans la communauté une pieuse émulation. Sœur Assunta fut la première à imiter sa sainte amie : après elle, d'autres Sœurs voulurent aussi faire l'essai. Notre-Seigneur, par des grâces visibles, manifesta clairement qu'il bénissait ce retour à cette prescription de la Règle.

Le Conseil de la communauté, après avoir mûrement délibéré, recourut aux supérieurs ecclésiastiques pour faire ratifier, par leur autorité, cette nouvelle observance. La demande et la réponse sont, dans leur simplicité, d'une touchante éloquence.

EXCELLENCE,

Sœur Louise de l'Addolorata, correctrice, et la R. Communauté des Religieuses Minimes de Valls, soussignées, ne peuvent s'abstenir de manifester à Votre Excellence Illustrissime certains faits survenus dans le monastère, et qui, depuis six mois, se renouvellent pour plusieurs de nos Sœurs, à la grande admiration de la communauté.

Au mois de septembre dernier, une Sœur fut, soudainement et sans cause connue, prise aux pieds et aux jambes de douleurs si violentes, que, non seulement elle ne pouvait faire un pas, mais qu'il lui était encore impossible de s'occuper du moindre travail. Bains et autres remèdes jugés opportuns, tout fut essayé, mais sans autre résultat que d'aggraver le mal et exaspérer les souffrances. La pauvre patiente, voulant un jour essayer de se mouvoir, éprouva un contre-coup si violent de son mal, qu'elle tomba sur le sol, évanouie et mourante. Revenue à elle-même et interrogée sur les remèdes qu'elle désirait, la malade répondit qu'elle espérait guérir si elle allait nu-pieds, comme le prescrit la Règle. On ne crut pas alors expédient d'accéder à son désir; mais, à quelques jours de là, un nouvel effort de la patiente, pour se traîner jusqu'au chœur, provoqua un nouvel évanouissement. Les Sœurs la trouvèrent étendue au haut de l'escalier, en proie à de terribles souffrances. Alors, la Mère correctrice voulut faire l'essai de la déchausser, et lui mit aux pieds les sandales qui sont la chaussure de Règle. A peine en sandales, la malade se relève et, aux Sœurs qui s'empressaient de la soutenir, elle répond qu'elle est complètement guérie, que toute douleur a disparu. Depuis lors, en effet, elle n'a pas éprouvé le moindre symptôme de ce mal étrange.

Le même fait s'est renouvelé depuis pour d'autres religieuses qui, une fois déchaussées, ont pu, sans le moindre dommage, supporter les rigueurs de cet hiver. Devant ces faits constants, la R. Communauté, émue d'ailleurs de voir que, présentement, une jeune professe encore chaussée a été saisie des mêmes douleurs aux pieds et aux jambes, s'est réunie en chapitre pour délibérer et statuer sur ce qu'il y avait à faire, et a décidé que, désormais, toutes les Sœurs, avec la permission préalable de Votre Excellence Illustrissime, iraient déchaussées comme le prescrit notre sainte Règle, excepté toutefois les religieuses avancées en âge et celles qui sont habituellement atteintes d'infirmités incompatibles avec la nudité des pieds, puisque la Règle elle-même donne à la Mère correctrice le pouvoir de dispenser de cette observance en cas de nécessité.

En conséquence de cette décision, motivée par les faits sus-mentionnés, les demanderesses soumettent leurs désirs à Votre Excellence Illustrissime, afin qu'il plaise à son zèle pour la pureté de l'observance dans les maisons religieuses, de ratifier la résolution capitulaire que nous avons prise. Sans quoi, comment supporter le reproche vivant et incessant que seraient pour nous les cinq religieuses déchaussées dans notre maison? Cette divergence serait pour nous, Excellence, une preuve que nos consœurs allant nu-pieds, sont les ferventes et nous les relâchées, qu'elles sont les privilégiées de Dieu et nous les délaissées. Si, par cette observance d'aller nu-pieds, que nous regardons en fin de compte comme une mortification minime, Dieu veut que nous le glorifiions, au milieu des afflictions de la Sainte Église et à l'honneur de notre Père saint François de Paule, nous en aurons une vraie joie, car le Distributeur de tout don parfait nous accordera la grâce de la pratiquer avec entrain, puisqu'il nous a manifesté d'une manière si visible que telle est son adorable volonté.

C'est dans ces sentiments d'unanime désir que les religieuses Minimes, vos humbles sujettes, demandent à Votre Excellence Illustrissime sa haute approbation et sa bénédiction pour la mettre définitivement en pratique. Que Dieu conserve pour de longues années Votre Excellence Illustrissime.

S. LOUISE-MARIE DE L'ADDOLORATA V.
ET CORRECTRICE, ETC. »

Valls, ce 24 février 1857.

A cette supplique, l'archevêque de Tarragone répondit aussitôt par l'approbation la plus large et la plus explicite.

Tarragone, 26 février 1857.

« Pour la plus grande gloire de Dieu et pour la sanctification des religieuses Minimes de la communauté de Valls, Nous approuvons la louable résolution que lesdites religieuses, en conséquence des faits exposés dans leur supplique, ont prise en plein chapitre, de renoncer à porter des souliers pour aller désormais nu-pieds, en la manière et forme prescrites dans la sainte Règle, comme plusieurs d'entre elles le pratiquent déjà à l'édification des autres, et Nous les exhortons toutes à persévérer fidèlement dans leur projet de se sanctifier chaque jour davantage par l'exacte observance de la Règle et par la pratique des vertus chrétiennes.

Par Mandement de Son Excellence Illustrissime, Monseigneur l'archevêque

LAURENT D. JEAN SOLER, *Secrétaire.* »

La ferveur de la communauté ne devait pas s'arrêter là. D'autres points d'observance claustrale, jusqu'alors négligés ou délaissés, furent remis en pleine vigueur : et c'était pour Philomène, à chaque effort de ses Sœurs pour renouveler l'austérité primitive de l'Ordre, une ineffable joie et un redoublement de charité et de vénération pour elles. Son zèle aurait voulu consommer l'œuvre de réforme en rétablissant le lever de minuit. Cette pratique eût été d'autant plus facile pour elle, qu'elle restait habituellement au chœur jusqu'à dix et onze heures du soir et y revenait à deux heures du matin. Mais les œuvres de Dieu procèdent avec une sage lenteur. Le divin Maître accepta le désir de sa vaillante épouse, sans lui en accorder la réalisation, ou plutôt, Il fit entrevoir à Philomène l'époque prochaine où ses Sœurs reprendraient l'observance de nuit. Philomène en fut inondée de joie : elle allait, par après, annoncer aux unes et aux autres, que cette grâce leur était réservée. « Moi, je n'en profiterai pas, car je ne serai plus là sans doute : mais que de bénédictions pour notre chère communauté! »

Elle n'y fut point, en effet : l'observance de nuit ne fut reprise que quatre ans après sa mort.

Dans la nuit du 14 février 1872, pendant que toutes les religieuses prenaient leur repos, la cloche du monastère sonna à toute volée. Les *serenos*, gardes de nuit, accoururent au couvent, estimant que les religieuses en danger appelaient au secours. Tout était calme dans le monastère et aux alentours; et la cloche ne cessait pas de jeter, dans le silence de la nuit, ses notes d'appel insolite. Les *serenos*, non sans peine, purent enfin réveiller le commissionnaire du couvent et firent appeler la supérieure. Celle-ci, pas plus que les autres Sœurs, n'avait entendu la cloche qui avait pourtant réveillé les gens du voisinage : aucune Sœur — on le constata par après — n'était descendue au chœur pour sonner : seule, une main invisible, probablement celle de Philomène, avait mis la cloche en branle pour dire à ses consœurs : *Ecce sponsus venit :* hâtez-vous, l'Époux vient, et il attend vos louanges! Devant cet appel prodigieux, toutes les hésitations cessèrent. La communauté, réunie en chapitre, décida à l'unanimité le retour à l'observance de nuit, avec le placet préalable de l'autorité diocésaine. L'exemple des Minimes de Valls fut imité par leurs Sœurs des autres monastères : et le lever de minuit était bientôt régulièrement observé dans les couvents de Serrez-la-frontera, Ecija, Damiel et Barcelone.

Une autre joie, entrevue par Philomène, mais également refusée à ses désirs, fut la fondation d'un couvent de religieuses Minimes à Mora de Ebro, sa ville natale. Elle l'annonça à ses deux amies, Sœur Assunta et Sœur

Rose de Saint-Narcisse, en leur disant que ce couvent serait très fervent et particulièrement béni du Divin Cœur de Jésus qui en serait le Vocable. Les événements ont, depuis, donné raison à ce que Philomène appelait ses prévisions ou ses *entendements,* sans jamais dire ses visions ou révélations.

CHAPITRE XII

ÉCRITS DE LA VÉNÉRABLE PHILOMÈNE

I

Sœur Philomène rend compte de ses états d'âme (1).

SŒUR PHILOMÈNE ÉCRIT PAR OBÉISSANCE — ELLE NE SAIT PAS L'ALPHABET DE L'ORAISON — VOIX QUI L'APPELLE OU QUI RÉPOND — INTUITION ET ACCEPTATION DES SOUFFRANCES — DIVINES ASSURANCES — SOUFFRIR ET MOURIR D'AMOUR — LA PLANTE DÉCHIQUETÉE — RETRAITE INTIME DE L'AME EN ELLE-MÊME — SECRETS RELATIFS A ELLE-MÊME ET AUX AUTRES — RÉSULTATS PHYSIQUES DE SES INTUITIONS DIVINES. — *Écrit du 2 avril 1866* — LES COMPLAISANCES DES TROIS PERSONNES DIVINES ENVERS PHILOMÈNE — NOTRE-SEIGNEUR LUI DEMANDE DE GRANDES CHOSES SURTOUT LE RENONCEMENT ABSOLU EN TOUTES CHOSES — RECUEILLEMENT AU MILIEU DES OCCUPATIONS EXTÉRIEURES — LA FLAMME D'AMOUR — LE DON DES LARMES — DISCOURS D'AMOUR — BLESSURE DU CŒUR — QUIÉTUDE — VISITE DE JÉSUS AVANT LA COMMUNION — NETTE VISION DU DIVIN SAUVEUR — PAS DE LECTURE — LA MONTAGNE DE LA PERFECTION — ELLE DOIT LA GRAVIR PAR LE VŒU DU PLUS PARFAIT — BRULANTS APPELS DU CŒUR DE JÉSUS.

J. M. J.

Après avoir imploré lumière et grâce de l'Esprit-Saint, je me mets à accomplir l'acte d'obéissance que vous m'avez demandé. Si quelques-unes de mes paroles

---

(1) Ce compte rendu fut remis au confesseur le 4 août 1865. Il se réfère à l'état de Sœur Philomène à cette date et aussi, ce nous semble, à son état habituel depuis la profession. Sœur Philomène remit également à son confesseur une relation de sa vie dans la famille, de sa vocation, de ses épreuves avant son entrée au monastère; mais, comme nous avons, dans divers chapitres précédents, reproduit cette relation intégralement et le plus souvent mot à mot, il ne semble pas opportun d'en donner à nouveau la traduction.

s'écartaient tant soit peu de la très pure vérité, je désire ardemment qu'on les efface aussitôt de ce papier. Les genoux en terre, et en la présence de Jésus Crucifié, je vous supplie, mon Père, quand vous lirez cet écrit, d'avoir présente à la pensée toute ma vie passée, vie si horrible que je me crois parfois reléguée parmi les morts, parmi ceux qui ne vivront plus jamais. Que la miséricorde de Dieu me soit propice, puisque c'est lui qui veut cet écrit !

Premièrement, quant à l'oraison, je dois vous dire, mon Père, que je suis comme la plus ignorante des enfants qui ne connaît pas même la première lettre de l'alphabet. J'oublie jusqu'aux moyens à prendre pour profiter dans ce saint exercice. Néanmoins, je dois dire, mon Père, pour ma confusion personnelle et la plus grande gloire de Dieu, que, parfois, je me vois transformée en une créature tout autre que je ne suis. Quand il plaît au Seigneur, il m'élève de la terre au ciel, de l'abîme de mes misères au sommet de ses miséricordes. Quelquefois, après que j'ai souffert un peu pour l'amour de ce doux Sauveur, il me ravit tout à coup, et quand j'y pense le moins, aux célestes sommets, pour m'instruire de ce que je puis avec l'aide de sa grâce. Cela s'accomplit de différentes manières. Tantôt, c'est comme une voix qui m'appelle; et alors, emportée par un vol de l'esprit, je réponds par des paroles parfois assez étranges. Tantôt, c'est moi qui fais des questions sur des choses très importantes qui m'ont été déjà montrées: et ces questions, je les fais sans aucune crainte, parce que je me sens si complètement transformée en Dieu que, souvent, je m'écrie: *Non, ce n'est plus moi qui vis, c'est Jésus qui vit en moi.*

Divers sont les motifs pour lesquels je suis ainsi appelée. Quelquefois, je m'entends dire: *Qui suis-je moi : et toi qui es-tu ?* Et au même instant, je suis emportée dans les hauteurs célestes, et j'y apprends à connaître les perfections infinies de Dieu, à un degré si élevé que ma pauvre âme est inondée d'une joie si grande, et enflammée d'un désir si ardent de voir la divine Majesté plus connue et plus aimée, que je me jetterais volontiers dans l'abîme, pourvu qu'Elle soit adorée de tout le monde. D'autres fois, je crois entrevoir les souffrances que j'ai à endurer; et mon désir de souffrir est alors si intense que le martyre le plus dur ne peut être comparé à cette angoisse: voir en soi tant de forces et ne pouvoir les employer pour qui nous les a données! C'est avec des larmes de vraie componction que je vous prie, mon Père, de me pardonner mon audace d'oser parler ainsi : une force supérieure me pousse à obéir, et tout à l'heure, je parlerai d'un autre état qui, par la grâce de Dieu, m'est plus habituel.

Revenant donc sur le même sujet, je dois vous dire, mon Père, que, d'autres fois, l'âme, comme si elle était élevée jusqu'au trône de la Sagesse incréée, reçoit de si hautes leçons que, sans savoir comment, elle est assurée que Dieu lui-même est son Maître céleste. Et alors, elle demeure si éprise d'une pareille faveur, et en même temps si remplie de force, de vigueur et d'agilité, qu'elle se jetterait volontiers au milieu des plus grandes souffrances, pour répondre en quelque manière aux grâces dont elle se voit comblée; grâces si excessives qu'il serait bien trop long, mon Père, de vous les expliquer. L'âme ressemble alors à une plante au milieu d'un beau jardin, entourée des fleurs les plus odorantes, c'est-à-dire des plus sublimes vertus, des fruits et des dons de l'Esprit-Saint, des vertus cardinales, théologales et morales, et d'une infinité d'autres grâces et splendeurs qui brillent d'un éclat en quelque sorte visible. En un mot, mon Père, elle s'unit si intimement au Dieu de son amour, qu'elle est sur le point de mourir d'amour; mais une force invisible la retient et lui dit : *Tu dois souffrir encore davantage*. Il m'arrive alors, plus d'une fois, de tendre les mains vers le ciel, et de m'écrier à pleine voix : *Oui, oui, souffrir, souffrir toujours en me consumant d'amour!* Mais, hélas! bien cher Père, que m'arrive-t-il donc en ce même moment? qu'est devenue ma jouissance de l'instant d'avant? oh! malheureuse que je suis! Que vois-je alors dans l'intérieur de mon âme? Mais c'est un enfer (pardonnez-moi, mon Père, cette expression trop vraie), c'est un sombre cachot, réceptacle impur de bêtes venimeuses! En un instant, je me trouve dans l'angoisse, saturée de douleurs, de perplexités, de doutes crucifiants. Il semblait tout à l'heure que l'enfer entier me redoutait et n'osait s'approcher de moi : et maintenant, comme pour se venger de son impuissance momentanée, il se jette comme un lion furieux sur la pauvre âme qui reste anéantie et angoissée après ces émotions successives du ciel et de l'enfer.

A cette peine déjà dure, vient se surajouter la sollicitude de mes Sœurs qui, dans leur extrême affection pour moi et leur désir de me soulager, ne peuvent qu'augmenter mes souffrances dans mes ténèbres et mes aridités. Les paroles qui devraient me consoler aggravent mon affliction. Tout se tourne contre moi : les choses les plus douces se changent en amertume; les plus légères et les plus insignifiantes me pèsent horriblement. Je suis impuissante à éprouver la moindre consolation et plus encore à la désirer. Je souffre tout cela et beaucoup d'autres choses, et pourtant, au milieu de tant de souffrances, je crois pouvoir dire avec raison : *Ma patience, c'est Dieu!* car s'il m'était possible de trouver en dehors de Lui quelque consolation, je n'en voudrais pas, parce que l'âme alors, se rappelant qu'il lui est commandé de souffrir, embrasse toute souffrance avec une résignation sans limite, au point de désirer une vie plus longue afin de souffrir davantage par amour de Celui qui la fait ainsi pâtir. Il m'arrive quelquefois de rester des semaines et des mois entiers torturée de pareilles angoisses, sans pouvoir trouver le moindre soulagement. Il me semble alors qu'il y a dans mon cœur un lieu uniquement destiné à la souffrance; et vers ce lieu affluent toutes les peines que je ressens; et il en résulte pour le cœur une telle oppression qu'il est sur le point, à chaque instant, d'exhaler le dernier soupir.

Quelquefois, l'âme voudrait mourir ainsi, abandonnée, sans aucune consolation, au milieu des plus grandes douleurs, pour ressembler davantage au divin modèle qui s'est caché, et mes désirs sont parfois si enflammés que je demande aux ténèbres de s'épaissir, et elles m'obéissent, et je me trouve alors dans l'état le plus malheureux et le plus lamentable. Seul, celui qui l'a éprouvée, peut savoir ce qu'est cette souffrance. Toutefois, il m'arrive dans cet état une chose très étrange : si, par exemple, un doute me survient sur ces souffrances ou ces enseignements, j'entends soudain cette parole : *Ne crains pas, c'est moi;* ou bien encore : *Je suis la lumière, la voie et la vie : suis-moi.* Mais les paroles qui, plus fréquemment, m'encouragent, sont celles qui m'annoncent de grandes peines pour Celui que je désire tant aimer.

A de telles paroles, l'âme est, à son insu, si profondément blessée d'amour, qu'elle s'écrie : *Sans croix, je ne veux plus vivre!* car elle comprend combien il lui importe en cette vie, longue ou courte, de *toujours, toujours souffrir et ne pas mourir.* D'autres fois, je me plains à ces épreuves ingrates qui me laissent, par moments, seule, sans leur douce compagnie.

Un de ces derniers jours, en récréation, j'avais cueilli sur un arbrisseau une feuille que je me mis à déchirer par distraction, en petits morceaux; une Sœur se tourne vers moi et me dit : « Ainsi vous devez être traitée, si vous voulez devenir..... » (1) Ces paroles me donnèrent une vue si haute de ce que j'avais encore à souffrir, que, pleine de joie, je m'écriai : « Oui, il en sera ainsi : la souffrance ne manquera pas. »

Il m'arrive aussi quelquefois qu'après être restée un certain temps dans ces mortelles angoisses, je suis tout à coup rappelée au plus intime de mon âme, et à l'instant même, je me sens complètement changée. Oh! mon Père, que de choses j'aurais à vous dire de cette retraite intime et silencieuse où l'âme savoure des choses admirables, et où elle apprend les chemins pour arriver au sommet de la perfection! Là, elle reçoit des lumières sur les sublimes arcanes, l'Essence divine, les souffrances de Notre-Seigneur Jésus-Christ, les actions des Saints qui,

---

(1) Sœur Philomène supprime ici le dernier mot « une sainte ».

pour l'imiter, ont tant souffert pour son amour, soit aussi d'autres secrets qui concernent ou moi-même ou d'autres personnes.

En cet état, l'âme est si plongée au dedans d'elle-même que, tout en faisant beaucoup d'efforts pour obéir aux ordres reçus, elle reste, pour tout ce qui se rapporte aux facultés et sentiments, dans un calme parfait, et elle-même (l'âme), en cet anéantissement, n'ose pas même lever les yeux; tant elle se voit rapprochée, ou pour mieux dire, compénétrée de la Majesté de Dieu. Son anéantissement arrive à un tel degré qu'elle ne sait où se cacher, tellement elle se voit indigne de pareilles faveurs. Il m'arrive parfois, qu'étant dans cette retraite silencieuse de mon âme, mon cœur oppressé se dilate tout à coup, et mes yeux, transformés en une double fontaine, versent d'abondantes et bien douces larmes. Oh! que de choses admirables sont renfermées dans cette céleste retraite!

La partie corporelle elle-même semble vouloir jouir d'un si grand bien; et elle paraît souvent si repliée dans l'intime, qu'elle oublie toutes choses, même les plus urgentes et les plus nécessaires à la faiblesse humaine. Je pourrais dire bien d'autres choses sur ce sujet : mais je crains, mon Père, de m'éloigner trop de la brièveté que vous m'avez prescrite. J'ajouterai seulement que l'âme reçoit alors communication de secrets très importants et pour elle-même et pour les autres. S'il m'arrive, lorsque je suis dans une grande affliction ou angoisse d'esprit, de me plonger alors dans cette retraite, oh! quels fruits admirables je retire de mes épreuves! et comme le cœur s'épanche en la présence de Dieu, bénissant et adorant les éternelles miséricordes, qu'il répand alors en si grande abondance!

Je voudrais bien, mon Père, vous faire mieux connaître les lumières et intuitions célestes que l'Éternel me communique, afin que cet exposé soit un nouveau motif d'humiliation quand je suis à vos pieds; mais je suis si ignorante pour m'exprimer que je dois abréger.

Je supplie Votre Révérence de vouloir bien, si elle trouve dans ce griffonnage quelque difficulté, l'examiner, en toute liberté, bien attentivement, quel que soit le passage; et si Votre Révérence désire sur quelque point une explication plus claire, qu'elle ait la charité de m'en donner avis, et j'essayerai, avec la grâce de Dieu, de mieux m'expliquer.

Les résultats ou fruits des choses qui viennent d'être exposées, sont, à coup sûr, excellents, à savoir: pour les vertus intérieures, une grande abnégation, un détachement complet, non seulement des biens de la terre, mais encore de ceux du ciel (1), une parfaite résignation, une obéissance aveugle, une pauvreté absolue; toutes les vertus, en un mot, se voient comme répandues au plus intime de l'âme. Quant aux résultats extérieurs sur le physique, ils sont aussi très larges: une grande agilité pour le travail, un vif désir de s'employer toujours au service des Sœurs, et de leur obéir à toutes et en tout, sans aucune réserve. Le corps, sans doute, éprouve bien quelque défaillance, il perd ses couleurs; mais pourtant il se sent une grande force pour la pénitence, sans pouvoir

---

(1) La Vénérable entend ici par les biens du ciel, non pas le bonheur essentiel de la possession de Dieu, mais seulement la gloire et les joies accidentelles qui sont pour les élus une béatitude accessoire.

se rendre compte pourquoi il en est ainsi; mais il sait bien pourtant qu'il est appelé à la pénitence sans l'avoir demandée et sans l'avoir désirée.

Voilà, ce me semble, mon Père, la relation que vous désiriez. Vous daignerez me pardonner les erreurs que j'aurai commises en cet acte d'obéissance, car je m'accuse, dès maintenant, de l'avoir fait un peu trop rapidement, pour profiter du jour où vous étiez absent de ce pays.

J. C.

Au nom du Ressuscité (1) et de son heureuse et Très Sainte Mère, l'Immaculée Vierge Marie.

Bien vif, mon Révérend Père, est le désir que j'ai de progresser dans l'obéissance; et, comme j'ai omis pendant quelque temps de vous rendre compte, selon votre demande, de l'état de mon âme, par suite de certaine crainte que je vous ai déjà manifestée, je voudrais aujourd'hui réparer cette omission en vous expliquant de mon mieux mon état actuel. Je le ferai aussi bien qu'il me sera possible, sans m'éloigner en rien de la pure vérité, telle que je la comprends; mais je me reconnais, cependant, mon Père, complètement impuissante à rendre compte des grâces et faveurs que le Très-Haut prodigue à la plus indigne et à la plus infâme de ses créatures. Il me semble, en effet, mon Père, que les trois Personnes de la Bienheureuse Trinité rivalisent, en quelque sorte, pour embellir mon âme de dons et de grâces célestes. Ah!

---

(1) Cet écrit porte la date du 2 avril 1835, lundi de Pâques. Le confesseur avait demandé à la servante de Dieu des explications détaillées sur ses intuitions extatiques, et elle les lui donna par ce nouveau compte rendu de son intérieur.

mon aimé Père! malheur à moi si je ne corresponds pas à ces délicatesses d'amour!

Et, en premier lieu, il me semble que le Père éternel revêt ma pauvre âme d'une puissance et d'une vraie suzeraineté sur toute la création, m'excitant à entreprendre de grandes choses en son honneur, m'assurant de son aide, chassant loin de moi toute crainte, faisant de moi l'épouvante de l'enfer. Je crois voir le très sage Fils s'efforcer de communiquer à mon âme (quelque chose de) son infinie Sagesse, lui montrant les chemins droits qui la conduiront à la vie éternelle, l'inondant en même temps de lumières célestes et divines. L'Esprit-Saint, source d'amour, me communique, ce me semble, en abondance, le feu de l'amour qui l'embrase, et me force de le communiquer à mon tour à mes chères Sœurs, qu'il me commande d'aimer avec une ardente et parfaite charité.

Je vous prie, mon Père, d'examiner soigneusement tout ce qui suit, afin de bien voir si mon esprit n'est pas le jouet de l'illusion; et vous avez même toute liberté de le communiquer, si c'était nécessaire, à mon bien-aimé Père (1), et je soumets complètement ma manière de voir à celle de vos Révérendes Paternités; et je vous prie l'un et l'autre, par les cinq plaies de mon Jésus crucifié, de m'aviser de tout ce qu'il y aurait d'erroné.

Pendant quatorze ans, Révérend Père, le Seigneur a daigné m'éprouver par des angoisses, des affaissements et des douleurs à mourir, en se servant pour cela, tantôt de l'enfer et tantôt des créatures, ou pour mieux dire, tantôt irrité de mes nombreux péchés, il appesantissait

(1) Le P. Jean Badia de Llacuna, Capucin, son vénérable conseiller et ami.

sur moi la main de sa colère en m'envoyant des épreuves extraordinaires et terribles, qui parvenaient à peine à humilier quelque peu mon immense orgueil; et tantôt il me réduisait à une telle extrémité, que je semblais être aux prises avec la mort. Mais, voici que, tout à coup, mes pleurs et mes gémissements ont cessé par l'aimable présence de mon très doux Jésus. Cette aimable présence est pour ainsi dire continuelle, et cause en mon intérieur divers mouvements, ainsi qu'une abstraction complète de toutes les créatures. Celui qui habite en moi ne cesse de m'instruire sur ce qui est le plus parfait, et va quelquefois jusqu'à me demander des actions supérieures aux forces humaines, ou bien encore la pratique de toutes les vertus au suprême degré de perfection; et lorsque, voyant mon extrême misère, je tremble d'entreprendre d'aussi grandes choses, aussitôt mon souverain Maître se plaint amoureusement; car il est, Lui, la voie, la vérité et la vie, et moi je ne dois pas hésiter à suivre ses puissantes inspirations et me confier uniquement en l'appui de Celui qu'aime mon âme. Ce qui m'étonne par-dessus tout, c'est que ce Bon Pasteur semble n'avoir pas d'autre brebis que moi à conduire; tant est continuelle envers moi sa sollicitude et sa vigilance, soit pour me reprocher mes infidélités, soit pour me montrer la beauté et le prix des vertus parmi lesquelles celle qu'il me demande en premier lieu et avec le plus d'instance, est-celle qu'indique le saint Évangile dans ces paroles: « Celui qui veut venir après moi, qu'il se renonce lui-même, qu'il prenne sa croix et me suive. » Cette demande, Notre-Seigneur me fit comprendre vivement, voilà plus de quatre ans, que je ne pouvais, malgré mon amour-propre, y résister; et aussitôt mon divin Maître opéra lui-même en moi ce qu'il demandait de moi, ne me laissant que mes bons désirs, et effectuant lui-même en moi l'abnégation qu'il exigeait de moi; et, comme ce Dieu si bon se chargeait de l'abnégation intérieure, son indigne servante voulut entreprendre à son tour l'abnégation extérieure; ce en quoi j'ai donné, ce me semble, une grande joie à mon unique Bien.

Avant de parler des opérations que j'éprouve en mon intérieur, je veux vous dire, mon Père, afin que vous jugiez s'il n'y a pas illusion, que, durant presque toute ma vie et dès mes plus jeunes années, je n'ai jamais pu méditer pour la sainte oraison (1) : ce qui m'a causé parfois une peine extrême; et aujourd'hui encore, quand je veux, de parti pris, me soumettre aux règles élémentaires de l'oraison mentale, je n'arrive à rien, quels que soient mes efforts : et ainsi je suis humiliée de voir ma misère et mon impuissance. Si, en cela, vous voyez quelque illusion, j'attends de vous, mon Père, la correction salutaire.

Pour revenir à ce que j'éprouve actuellement, je dois vous dire que, souvent, je suis occupée aux besognes domestiques, avec le plus grand calme et une entière application au travail; mais, cependant, mon esprit n'éprouve aucune distraction. Bien plus, il m'arrive souvent que, quand on parle tout près de moi et que je dois répondre, je ne sais pas ce qu'on a dit. Il est rare que j'entende sonner les heures, malgré tout le désir que j'en

---

(1) Cette heureuse impuissance de la Sœur à méditer, c'est-à-dire à fixer son esprit sur un sujet déterminé, a été déjà signalée.

aurais pour saluer ma très douce Mère; et, quand je suis ainsi occupée, je m'entends appeler à l'intérieur de moi-même avec tant de force que je ne puis résister. Ce qui m'arrive alors, le voici : il se fait en moi un silence merveilleux, et il se passe en mon intérieur des choses que je ne puis pas expliquer. D'autres fois, au milieu de ce silence, je me sens transportée du désir de souffrir les plus grands tourments, les humiliations, les mépris, la pauvreté et toutes sortes de tribulations pour l'amour de Celui qui m'instruit en secret, de ces belles choses, à l'intime de mon âme. Tantôt, il me semble que je suis en ce rendez-vous intime pour mes propres affaires et tantôt pour les affaires des autres. Je sens alors s'allumer dans mon cœur (pardon, mon Père, de cette expression) une flamme si vive d'amour de Dieu, et de charité pour mon prochain à l'endroit des divers besoins que j'ai remarqués en lui, que je sacrifierais volontiers ma santé et ma vie pour y remédier : et si intense est le feu d'amour qui m'embrase pour le salut des âmes, qu'il m'arrache parfois ces exclamations : « Oh! mon Dieu, charité éternelle! pourquoi donc ne communiquez-vous pas ce feu à quelques-uns de vos prêtres, qui s'appliqueraient avec une ardente charité à gagner des âmes pour le ciel? Oh! avec quel empressement ils les arracheraient à l'esclavage de l'ennemi! Oh! mon Dieu! que nous correspondons mal à tant de grâces dont vous nous comblez! Oh! mon Dieu, mon Dieu! faites miséricorde à nous tous, parce que nous sommes pécheurs! »

Il y a des circonstances où mes yeux se changent, pour ainsi dire, en deux sources sans que je puisse retenir les larmes qui coulent en abondance, silencieuses et douces. D'autres fois, ma pauvre nature souffre encore une bien plus grande violence : je me sens prise tout à coup de tels élans d'amour, que je me mets à discourir sans le vouloir. Et si vous me demandez, mon Père, ce que je dis alors et pour quelle raison, je vous répondrai que ce que je dis est précisément, ce me semble, ce que je fais à ce moment-là. Je demande aux Sœurs qui m'entourent d'aimer Dieu de tout leur cœur, et je fais cette demande en leur donnant de telles marques de mon affection pour elles, qu'elles en restent surprises et me demandent à leur tour: « Mais que devons-nous faire pour aimer dignement ce Dieu si bon? » A cette question, il se passe là, au plus intime de mon cœur, quelque chose que je ne puis exprimer, et je leur réponds en paroles si enflammées sur les perfections infinies et les miséricordes de Dieu, que je communique, ce me semble, à mes angéliques Sœurs, une part du feu sacré qui brûle dans ma poitrine. Il me semble parfois, mon Père, que mon cœur ne tient plus dans le lieu trop étroit qui lui a été destiné : d'autres fois, je le sens comme blessé, et il me semble qu'il rejette par cette blessure le trop plein de ce qu'il ne peut contenir, et qu'il se dilate dans ma poitrine, ce qui m'oblige à des respirations si fortes, que je dois baisser et relever la tête sans pouvoir me retenir.

Les endroits où, habituellement, ces choses-là m'arrivent, sont ceux où je me trouve occupée à accomplir la volonté de Dieu en m'acquittant des offices les plus humbles et les plus répugnants à l'amour-propre, car mon doux Amour me commande de me faire toute à toutes; et je fais tant d'efforts pour le contenter sur ce point, que je crains parfois de m'adonner au travail avec une application trop excessive, et de m'éloigner ainsi de la douce présence de mon Dieu. Mais, au moment même où me survient un pareil doute, il se montre à moi et m'encourage par des paroles si pleines de tendresse, que je me sens à l'instant reposée, tout comme si je n'avais pas travaillé, et remplie d'ardeur pour entreprendre de plus grandes choses, soutenue par Celui qu'aime mon âme. Ce qui, pendant un certain temps, m'a causé beaucoup de peine, a été de remarquer que, après mes profonds recueillements, intuitions et transports d'esprit, pendant lesquels j'éprouve des désirs embrasés de souffrir les humiliations, les mépris, les persécutions, et toutes sortes d'angoisses de l'âme et du corps, je me trouve tout à coup comme quelqu'un qui ne peut avoir ni désirs, ni volonté propre en quoi que ce soit : je me reproche alors à moi-même d'avoir si vite perdu mes saints désirs de souffrir beaucoup pour mon divin Rédempteur : mais j'ai beau faire, je n'arrive à rien, jusqu'à ce que Celui-là même qui m'en a privée vienne me les rendre, et renouveler ainsi dans mon esprit, et même dans l'être corporel, une satisfaction telle, que je me sens des forces supérieures à toutes les épreuves qui pourraient me survenir. Et, quant à l'anxiété que me cause ce changement, le Seigneur m'a avertie de ne rien craindre à ce sujet, parce que cette paralysie des désirs provient, ce me semble, de l'union parfaite de l'âme avec Dieu, de sorte qu'il n'y a plus entre le Seigneur et son indigne esclave, qu'un seul vouloir, qu'un seul non vouloir. Je vous ferai remarquer, en outre, mon Père, que, dans tous les états précédents ainsi que dans ceux dont j'ai encore à vous parler, je jouis toujours de la plus grande paix, et d'une tranquillité complète de l'esprit.

Quant à la perte des sentiments, il ne me semble pas l'avoir jamais éprouvée dans les transports ou les impressions de grande violence, mais plutôt dans les moments de quiétude et profonde paix; quelquefois, après avoir reçu la Sainte Communion ou peu après, en écoutant la messe d'actions de grâces, vers l'*Orate fratres*, sans plus rien voir ni entendre jusqu'au moment où le prêtre du Très-Haut va communier, alors seulement je m'aperçois que mon bien-aimé Jésus me fait la grâce de rentrer en moi-même pour m'unir à la communion du prêtre. Je reste toute confuse quand pareille chose m'arrive, et surtout si c'est un jour où il y ait obligation d'entendre la Messe, craignant de n'avoir peut-être pas rempli le premier précepte de la Sainte Église. C'est là pour moi une grande humiliation, qui s'accroît encore en voyant mes humbles Sœurs, après avoir communié, épancher leur amour en actions de grâces pour Celui qui habite réellement dans leur cœur comme dans le mien: mais je ne puis en aucune manière, quoi que je fasse, employer mes lèvres à louer Celui qui vient au nom du Seigneur. Voilà bien des motifs, Révérend Père, de m'humilier profondément, car cela m'arrive toutes les fois que je communie. Vous pouvez voir par là tout mon orgueil, et la mauvaise disposition avec laquelle je reçois souvent le divin Maître. Voyez, mon Père, ce que vous en pensez, et corrigez par charité la plus ignorante de toutes les créatures. Ce qui semble plus étrange, c'est que, de temps à autre, je crois me trouver au milieu de ténèbres et d'obscurités profondes, et cela sans en comprendre le motif : car, si je jette un regard dans mon intérieur, j'y vois mon très doux Jésus, au milieu de mon cœur, hélas si impur, et néanmoins le divin Maître paraît y demeurer avec un souverain plaisir, réalisant ainsi ce qu'il a dit dans le saint Évangile : « Mes délices sont d'être avec les enfants des hommes. » Il semble donc étrange que, possédant en mon cœur la vraie lumière, Jésus-Christ, le Soleil de justice, je me trouve dans l'obscurité. Cependant, ce Cœur si plein de bonté ne permet pas que ce soit pour un long temps : presque aussitôt, il me découvre le soin vigilant qu'il prend de son indigne servante, et la manière dont il me le fait sentir est si merveilleuse que je ne puis assez admirer les miséricordes que je reçois. Ne pensez pas, mon Père, que, quand je dis que mon divin Jésus me parle ou m'ordonne ce que je dois faire, je le vois à découvert comme je vois mes compagnes en récréation et en plein midi : je suis convaincue que vous saisirez, pour en avoir fait l'expérience, le sens de ce que je dis. Ce serait, en effet, un horrible orgueil de la part d'une aussi abominable créature que moi, de chercher à donner à entendre pareille chose (1). Grande est la miséricorde du Seigneur de ne pas me précipiter en enfer comme je l'ai tant mérité.

Relativement à ce qu'il me demanda, il y a plus de trois ans, à savoir que ma lecture devait être ce livre de sa Passion toujours ouvert pour ceux qui veulent l'étudier, j'ai depuis lors cessé, en effet, toute lecture, car je n'en

---

(1) C'est-à-dire de donner à entendre qu'elle a des apparitions *réelles*. Sœur Philomène, dans sa ravissante humilité, n'a pas fait attention que les visions dont elle était favorisée (visions intellectuelles) sont habituellement d'un ordre plus élevé que les apparitions réelles ou sensibles.

saurais retirer aucun profit. Si quelquefois j'ai un peu de temps pour la lecture, il m'est absolument impossible d'y appliquer mon esprit, ou, si je veux quand même poursuivre, de me rappeler ce que j'ai lu. Le seul livre indiqué est Celui-là même qui, par amour pour moi, a été crucifié : dans le crucifix, je puise ma consolation, et dans le Très Saint-Sacrement, ma force. Il me semble, mon Père, que, dans une circonstance, une montagne m'a été montrée, montagne de la très haute perfection à laquelle m'appelle mon souverain Bien : Il me montra la sublimité des vertus qu'il désire de moi ou en moi, et ces vertus sont si héroïques et si solides que j'en suis humiliée, tant elles me paraissent supérieures à la faiblesse de mon sexe. Mais aussitôt, sans savoir comment, je me sens toute remplie d'une sainte ardeur; car je vois que je ne puis rien, et aussi que je pourrais tout, aidée de Celui qui m'en a donné l'assurance.

Par quelles paroles vous expliquer, mon Père, le degré d'abnégation qu'il veut de moi, l'absolue pauvreté qu'il me demande, l'obéissance aveugle qu'il m'impose, la mortification et la pénitence qu'il attend de moi? Que vous dire à propos des saintes vertus de charité et d'humilité? Ah! mon Père! c'est ici surtout que mon esprit ne sait plus comment faire connaître ce que Dieu me demande. Mon bien-aimé Père saint François m'aidera, comme sa fille, à pratiquer fidèlement ce que m'ordonne mon unique Amour. Aussi bien, Il ne cesse de me presser pour que je m'adonne à la sainte oraison, voulant, par ce moyen, répandre des grâces toujours plus abondantes sur cette vile créature, la plus pécheresse de toutes celles qui sont dans le monde : ce qui me remplit d'étonnement et d'admiration, et alors, j'exprime, avec les plus tendres sentiments, mon incapacité pour tout bien à mon Maître aimé ; mais Lui me demande encore avec plus d'instances que jamais de faire, non pas ce qui est facile, mais bien ce qui est difficile, et me promet son aide et son assistance. Le vœu dont je vous ai déjà entretenu est un des moyens qui doivent m'aider le plus à entrer et à faire les premiers pas dans le chemin de la perfection : toutefois, ce vœu exige une telle force d'âme et un si grand courage, que je serais effrayée de tout ce qu'il renferme, si Dieu n'était là, à chaque instant, à m'encourager et à me redire : Non pas le facile, mais le difficile. Les trente-trois résolutions que j'ai mises également par écrit sont autant de moyens pour m'aider à réaliser avec plus de fidélité la perfection renfermée dans ce vœu (1).

Ledit vœu, j'aurais bien voulu le faire demain, fête de notre Père saint François, et anniversaire du jour heureux où je reçus le saint habit ; ou bien encore, le jour suivant qui est celui de ma naissance en ce monde, et de ma mort à ce monde par ma profession et la consécration de ma virginité à mon doux Jésus, le chaste Époux des vierges : mais, croyant nécessaire une plus complète préparation, je le diffère jusqu'à ce que vous ayez lu ce présent écrit, et examiné si je suis en disposition d'accomplir ce que je promettrai : car je veux en tout rester ou me placer sous vos ordres, et je désire croître chaque instant dans la vertu de parfaite obéissance. Ce qui m'inspire quelque crainte de faire un tel

---

(1) Voir ci-dessous, § II : Vœu du plus parfait.

vœu, c'est de savoir qu'il arrivera un temps où il me faudra toutes les vertus d'un grand saint pour pouvoir soutenir de bien terribles combats; et comme je me vois si misérable, je crains de faillir aux promesses que je vais faire : et comme d'ailleurs bien ardent est mon désir de ne pas offenser Dieu, cette perspective me donne quelque anxiété, car je voudrais mourir mille fois plutôt que de manquer à la fidélité que je dois à mon Dieu, bien que toujours ce sera en ce Dieu de vertu, mon sûr abri, que je mettrai mon espérance.

J'ai voulu, mon Père, vous faire connaître toutes ces choses, afin que vous puissiez décider ce qui vous paraîtra le plus sage devant Dieu. Je n'ai d'autres désirs que d'obéir au Dieu de mon cœur, à qui j'ai souvent demandé de faire de moi ce qu'il lui plaira, prête à lui obéir en tout, quand même il m'ordonnerait des choses plus difficiles encore que celles renfermées dans ce vœu de perfection. Décidez donc, Révérend Père, ce qui vous semblera le meilleur, et je vous obéirai aveuglément, et sans aucune crainte, assurée que je suis de faire le plus grand plaisir à mon doux Jésus, en me soumettant en tout à l'obéissance, à l'égard de V. R., et de tous mes supérieurs. Afin que vous puissiez mieux juger si je ne suis pas dans l'erreur; j'ajouterai encore que mon Bien-Aimé, dès qu'il commença des choses un peu inconnues de mon ignorance, me recommanda sans cesse d'obéir complètement en tout, fût-ce même à l'encontre de ce que Sa Majesté m'ordonnait. Et j'ai compris ceci que la plus grande peine et souffrance qui afflige notre Dieu, c'est de voir les supérieurs traités par leurs inférieurs sans le respect qui leur est dû. Oh! mon Père, comme ce chagrin pèse sur le très doux Cœur de Jésus! Lui, le Verbe Éternel, avec quel zèle ardent ne rendit-il pas à son Père incréé l'honneur qui lui était dû! Et il veut qu'à son imitation, nous traitions nos supérieurs avec le plus grand respect, la plus grande vénération.

Je me suis trop étendue, mon Père, sur ce que je ne devais pas, et je suis bien maladroite pour vous faire connaître toutes les grâces dont me comble le Créateur. Mais, quand j'ai à traiter de cette matière, je ne sais plus comment m'y prendre : et d'ailleurs bien suffisantes sont les grâces que relate cet écrit, et assez nombreuses les indications que j'ai pu donner, pour que vous jugiez si je suis dans l'erreur au sujet des faveurs que je reçois de Dieu. Ces faveurs sont précédées de ma part d'actes d'humilité, de mépris de moi-même, du désir d'être regardée comme un rien; ou bien encore d'une soif ardente d'endurer toutes sortes de souffrances, d'affronts et de calomnies, et de voir même mon corps étendu sur une croix, mes mains et mes pieds percés par les clous. Cependant, ces divers mouvements ont plus d'intensité après la réception des grâces célestes, et plus celles-ci ont été abondantes, plus grands, plus ardents et plus enflammés sont mes désirs d'humiliations. Enfin, mon Père, voilà ce que ma capacité très limitée a pu expliquer au sujet des grâces et faveurs dont me comble la souveraine bonté de mon Dieu : si je n'ai pas su contenter tous vos désirs, veuillez, mon Père, m'ordonner sans crainte ce qu'il vous plaira : je désire uniquement accomplir votre volonté et non la mienne.

Avant de terminer, mon Père, je ne puis m'empêcher

de vous manifester les brûlants appels qui viennent du Sacré-Cœur de Jésus, afin que nous nous renfermions dans cette heureuse demeure. Et moi, pauvre ver de terre, j'ose vous supplier, ainsi que mon Père si plein de charité et si dévot à Marie (1), si vous désirez terminer votre vie dans l'amour de Dieu, au milieu d'une paix, douce, sainte, et remplie de mérites pour le ciel, j'ose, dis-je, vous supplier d'écouter les plaintes de ce Cœur sacré, et de répondre à l'invitation qu'il nous fait à tous, d'aller lui tenir compagnie dans la triste solitude où il est réduit, lui offrant en sacrifice l'entière immolation de notre cœur. Je ne saurais vous exprimer l'immense consolation qu'en recevra notre divin Sauveur, et bien plus encore, si vous cherchiez à répandre sur d'autres âmes, aussi nombreuses que possible, les eaux abondantes de cette source du Paradis. Le Cœur très aimant de mon bien-aimé Jésus vous promet dès lors toutes sortes de bénédictions. Pour moi, je veux vivre et mourir, m'embrasant toujours davantage des flammes ardentes de ce très saint Cœur. En vous priant de me pardonner, je vous baise humblement les pieds.

(1) Le susdit P. Jean de Llacuna, Capucin, auquel le confesseur pouvait soumettre le présent écrit.

II

Le vœu du plus parfait.

FORMULE DU VŒU PAR LEQUEL SŒUR PHILOMÈNE S'OBLIGEA A PRATIQUER TOUJOURS CE QU'ELLE SAURAIT ÊTRE LE PLUS PARFAIT — ELLE LE PRONONÇA LE JOUR MÊME DE LA PENTECOTE 1836 — ELLE S'Y ÉTAIT PRÉPARÉE PAR UNE RETRAITE SPIRITUELLE DE DIX JOURS ENTIERS, SUIVIE D'UNE CONFESSION GÉNÉRALE — POUR MIEUX ASSURER L'EXACTE ET FIDÈLE OBSERVANCE DE CE VŒU, ELLE LE RENFERMA DANS LE CŒUR ADORABLE DE JÉSUS — LES TRENTE-TROIS RÉSOLUTIONS POUR BIEN GARDER CE VŒU — L'OFFRANDE QUOTIDIENNE.

Au nom du Père, et du Fils, et du Saint-Esprit, et de ma très douce Mère, la Vierge Marie.

Mon Très Haut Seigneur, Dieu éternel, Un par essence, Trine en personnes : Je me prosterne aujourd'hui en votre présence, moi, sœur Philomène de Sainte-Colombe, le plus misérable ver de la terre, et la moindre de vos créatures, désireuse de vous obéir, et d'accomplir ce que vous-même, ô mon Dieu, m'avez commandé de faire. Prenant donc à témoin tous les saints et esprits bienheureux de la Cour céleste, et leur Reine à tous, la Vierge Marie, je fais vœu à vous, ô mon Dieu, et je promets d'accomplir, en tout, ce qui sera le plus parfait, autant que le permettront mes faibles forces et ma misère, ne me confiant pas en mes propres lumières, mais uniquement dans les vôtres. Je promets aussi, ô mon Dieu, de ne jamais manquer par respect humain d'accomplir votre très sainte volonté ; et lorsque la sainte obéissance empêchera l'exact accomplissement de cette promesse, je ne me troublerai pas pour cela, pensant que je n'abandonne votre volonté que pour obéir à cette même volonté. En dernier lieu, mon Dieu, je me propose d'aller toujours plus avant dans le chemin de la perfection, jusqu'à ce que je sois arrivée au degré que votre miséricorde me destine, ne me confiant pas en mes propres forces, mais uniquement dans les vôtres, car je suis assurée que je puis tout, aidée de votre très sainte grâce. Unissez, ô mon très saint Jésus, ce vœu aux quatre autres que je fis le jour de ma profession. Enfermez-les tous ensemble en votre très doux Cœur, et que ma très Sainte Mère en prenne la clé, y mettant à la place le sceau de la persévérance finale. Ainsi soit-il.

J. M. J.

Exercices spirituels et résolutions que je veux remplir exactement, si j'en obtiens l'approbation de celui qui tient pour moi la place de Dieu sur la terre : mon intention n'est pas de m'obliger sous peine de péché, si jamais je manquais à quelqu'un des points suivants :

1° Tous les mois, je ferai les saints exercices à l'époque désignée par mes supérieurs : je m'efforcerai d'en retirer les fruits les plus nombreux, comme s'ils devaient être les derniers de ma vie.

2° Tous les mois, je ferai un jour de retraite durant lequel j'examinerai mes péchés, fautes et manquements contre mes obligations : de quoi je rendrai compte à mon Père spirituel avec clarté et sincérité.

3° Tous les huit jours, je rendrai compte de l'état de ma conscience à ce même Père, je lui obéirai en tout, soumettant mon jugement au sien, et toujours prompte à exécuter ses commandements comme venant de Dieu lui-même.

4° Tous les jours, je ferai mon examen de conscience au moins quatre fois, le particulier avec le général d[e] la nuit. Mes exercices quotidiens seront d'abord : deux heures du matin, le lever, dirigeant, dès mon réveil ma pensée vers Dieu, en lui disant : *Deus, Deus meu[s] ad te de luce vigilo. Anima mea desideravit te in noct[e].* Me mettant ensuite à genoux, j'élèverai mon esprit ver[s] cet Être suprême qui donne l'être à toute chose ; je l[ui] offrirai mon âme, mon corps, avec toutes mes facult[és] et mes sens, mes pensées, mes paroles, mes action[s] ma respiration et tous mes mouvements de la journé[e] tant intérieurs qu'extérieurs, le suppliant de daigner l[es] accepter tous pour sa plus grande gloire, et lui pr[o-] mettant, avec l'aide de ma très douce Mère, de le serv[ir] fidèlement en toutes choses, ajoutant dans ce but c[es] paroles : *Juravi et statui custodire judicia justitiæ tuæ.* Après quelques autres prières, je préparerai mon â[me] pour la sainte oraison. Avant de la commencer, je m[e] donnerai une forte discipline avec une chaînette de fe[r] puis, je me mettrai une couronne d'épines sur la têt[e] une corde au cou, et un poids assez lourd sur les épaule[s] et, à l'exemple de mon divin Sauveur, je suivrai se[s] pas sur le chemin du Calvaire, en visitant la *Via Cruci[s].* A trois heures, je me mettrai en oraison, et j'y deme[u-] rerai jusqu'à six, pour imiter Jésus dans ses trois heur[es] de prière au jardin des Oliviers, y persévérant quan[d] même, malgré mes tristesses et mes angoisses. Apr[ès] l'oraison, je commencerai avec mes Sœurs à récit[er] l'office divin, y mettant toute la perfection possible, disposant en même temps mon cœur à recevoir le Pa[in] vivant du ciel. Après le Saint Sacrifice de la Messe, l'action de grâces pour tant de faveurs reçues de Dieu, je m'appliquerai avec promptitude aux occupations ordinaires de la communauté, et à toutes celles qui me seront imposées par la sainte obéissance. Je m'offrirai toujours pour remplir les offices les plus pénibles et les moins attrayants, en vue de soulager mes Sœurs. Je me montrerai obéissante envers elles toutes, et m'efforcerai de leur faire plaisir en tout ce que je pourrai. J'accomplirai mes dévotions en temps opportun, et ne fixerai mon esprit en rien qui ne soit pas Dieu.

Les pénitences quotidiennes seront : le cilice continuel, la discipline tous les jours; trois fois par semaine, jeûne au pain et à l'eau, en y ajoutant un Carême depuis la fête de saint Matthieu Évangéliste jusqu'à celle de tous les Saints : et cela en suffrage des âmes du Purgatoire et pour la libération des chrétiens captifs. Durant les divers Carêmes, je ne mangerai qu'une fois toutes les 48 heures, de ce qui sera servi au réfectoire, et en ne prenant que les aliments les plus communs; pour les autres repas, je me contenterai de pain et d'eau. Je m'abstiendrai des sucreries, fruits et autres choses semblables. Mes dévotions seront les deux Trisages à la Très Sainte Trinité, et à la Très Pure Conception de Marie, les deux chapelets, grand et petit, de la même Conception Immaculée; le grand et le petit chapelet de la Très Sainte Mère des Douleurs; l'Office du Très Saint Nom de Marie; diverses visites aux autels; Joies et Douleurs du Patriarche saint Joseph; les dix-huit angoisses de Jésus et de Marie pendant la douloureuse Passion du Sauveur. Soixante-douze fois je m'offrirai au Seigneur, en mémoire des soixante-douze épines de sa couronne;

et autant d'autres fois, je ferai la communion spirituelle. Trente-trois fois, je me prosternerai en la présence de Jésus-Hostie, l'adorant profondément. Je lui ferai cinq visites en mémoire de ses plaies sacrées. En souvenir des coups que Jésus reçut, j'offrirai mes disciplines; pour les sarcasmes, les blasphèmes et les accusations qu'il eut à souffrir, je resterai un certain temps prosternée à terre, les mains sous les genoux, adorant et bénissant le Dieu de majesté. Enfin, je m'efforcerai de suivre en tout les traces de mon divin Sauveur jusqu'à n'être plus qu'une même chose avec sa Majesté Suprême.

En tout ce qui précède, comme en tout ce qui va suivre, je proteste ne vouloir en rien m'écarter de la sainte obéissance; c'est pourquoi je suis prête à faire ou à ne pas faire tout ce qu'on m'ordonnera, assurée que je suis que j'offenserais mon bien-aimé Jésus, si je n'obéissais aveuglément. La nuit venue, je ferai un examen rigoureux de mes manquements du jour : si j'ai veillé à la garde de mes sens, si je les ai mortifiés, si j'ai combattu mes passions et inclinations mauvaises; puis, sur tout ce en quoi je croirai avoir manqué, je demanderai pardon au Dieu de miséricorde, en disant : *Ego dixi : Domine, miserere mei, sana animam meam, quia peccavi tibi.....* ajoutant quelques autres paroles de repentir et des actes d'amour et de confiance en sa bonté infinie. Je demeurerai en ces saints exercices jusqu'à onze heures, et j'irai alors prendre mon sommeil entre les Sacrés Cœurs de Jésus et de Marie. Je reposerai ainsi trois heures, repos qui sera bien plutôt une vraie fatigue pour mon corps.

5º Mon premier et unique souci sera l'accomplissement des commandements de Dieu et des préceptes de la Sainte Église, la fidèle observance de la sainte règle, de nos constitutions sacrées, des conseils évangéliques, et des volontés et instructions de mes supérieurs.

6° Dans l'observation des saints vœux, j'irai jusqu'au scrupule : d'une obéissance aveugle, aimant sans réserve la sainte pauvreté, je me priverai même du nécessaire, pour mieux imiter Jésus, Marie et Joseph. Prenant un soin extrême de la pureté virginale, je dormirai vêtue. Une fois l'année, et pas plus, pour la fête de l'Immaculée Conception, je quitterai le vêtement intérieur que mes supérieurs me permettent de porter, et cela afin de pouvoir le laver (1). Pour humilier mon orgueil et vaincre la concupiscence de la chair, je traiterai mon corps le plus durement possible, sans jamais lui laisser de repos, le privant même des plus petites satisfactions, et ne lui accordant que ce qui lui sera le moins agréable : et je materai ses ardeurs par une abstinence rigoureuse, et autres pénitences que la sainte obéissance me permettra.

7° J'ensevelirai à jamais ma volonté et mes sens, pour qu'ils ne voient ni ne soient vus.

8° Je m'estimerai toujours la dernière de toutes les créatures raisonnables, comme je le suis, en effet, et digne de toutes les humiliations, de tous les mépris.

(1) Sœur Philomène, religieuse cloîtrée, complètement séparée du monde et employée aux humbles offices de son monastère, a pu pratiquer cette terrible mortification qui, pour des religieuses non cloîtrées et en relations avec des personnes de l'extérieur, serait impossible ou blâmable. Il est d'ailleurs avéré que ces austérités extrêmes, quand elles sont inspirées de Dieu à quelque âme d'élite, et non suggérées par un esprit faux ou un besoin de singularité, ou même par une insouciance innée, n'ont pas, en fait, par une disposition providentielle souvent constatée, les inconvénients qui devraient naturellement en résulter.

9° Si je suis reprise sans avoir manqué, ou accusée à faux, je souffrirai patiemment et en silence les réprimandes et humiliations.

10° Je mourrai à tout ce qui est de la chair et du sang, pour vivre de l'esprit et des vertus de Dieu.

11° Je me tairai toujours, à moins d'être obligée de parler par charité, par nécessité ou par obéissance.

12° Me trouvant avec mes Sœurs, je les écouterai comme une élève docile, et me tairai comme une ignorante que je suis.

13° Si on m'interroge, je répondrai seulement les paroles nécessaires, d'une voix modeste, avec humilité et respect.

14° Je marcherai avec beaucoup de modestie, de gravité, d'humilité et de retenue, à travers les cloîtres et tout le couvent.

15° La première au travail, la dernière à me reposer, je penserai à Dieu dans toutes mes occupations, et dans mes peines, je m'unirai à Lui.

16° Je ne laisserai jamais dire en ma présence la moindre parole contre la sainte charité, et, si je ne puis éviter d'en entendre, je ferai comprendre par l'expression de mon visage qu'elles ne me plaisent aucunement.

17° Je traiterai toutes mes Sœurs avec la plus grande charité, les aidant en leurs travaux, supportant patiemment leurs torts, et dissimulant leurs défauts.

18° Je vivrai ne désirant autre chose que peiner et souffrir, faisant consister en cela mon unique consolation, mon seul repos.

19° Si pour moi le ciel s'obscurcit, si les créatures me rebutent, si l'enfer rugit contre moi, ou que les maladies viennent m'affliger, j'appellerai à mon aide le Dieu de mon âme, et en Lui je mettrai toute mon espérance.

20° A mes supérieurs bien-aimés, je parlerai toujours avec le plus grand respect, voyant Dieu en leur personne ; je leur rendrai compte de mes doutes, pour avoir leurs conseils dans l'accomplissement fidèle de mes obligations.

21° Je chasserai et étoufferai en moi jusqu'aux premiers mouvements de mon imagination, pour qu'elle ne censure jamais les actions d'autrui.

22° L'amertume me sera douceur, et la douceur amère; et, par la pureté d'intention, du fiel même je tirerai du miel.

23° Je chercherai, en tout, mon propre abaissement, fuyant avec soin tout ce que l'amour-propre désire.

24° Je vivrai crucifiée avec le Christ, cachant toutes mes actions aux créatures, ne recherchant en tout que la mortification intérieure et extérieure.

25° J'écarterai de mon esprit, comme une grave tentation, toute dévotion qui m'empêcherait de remplir exactement mes obligations et devoirs religieux.

26° Chaque jour, je ferai un examen particulier sur l'observance de la sainte règle et des constitutions, et je mettrai un grand soin à me corriger de mes transgressions.

27° Je n'écrirai à aucun de mes parents, ni ne descendrai jamais au parloir, sans la permission expresse de mes supérieurs : et quand je devrai le faire, j'irai d'abord demander la bénédiction du Très Saint-Sacrement et de la Très Sainte Vierge Marie, pour qu'ils me préservent de tout péché.

28° Je m'exercerai le plus que je pourrai en la pratique de la sainte oraison, demeurant à genoux devant le Très Saint-Sacrement, excepté durant le temps de la récitation de l'Office divin.

29° Nuit et jour, je chercherai les moyens de faire quelques actes de charité, m'employant de toutes mes forces au service du prochain : quand il y aura des malades ayant besoin d'être assistées pendant la nuit, je m'offrirai pour cet office, afin de laisser reposer les autres Sœurs.

30° Je m'efforcerai d'aimer Dieu de tout mon cœur, de toute mon âme, de tout mon esprit, et de toutes mes forces, dans le seul but de lui faire plaisir.

31° Je m'efforcerai de communiquer à toutes les créatures un peu du grand amour que Dieu a pour nous, afin que toutes l'aiment et qu'aucune ne l'offense.

32° Je m'efforcerai d'avoir une grande dévotion envers la Très Sainte Vierge, le patriarche saint Joseph, mon ange gardien, et N. N., et avec leur aide, je chercherai à faire en tout ce que je croirai le plus parfait.

33° Enfin, j'offrirai toutes mes pénitences, mortifications et fatigues, en union avec celles que souffrit Notre-Seigneur Jésus-Christ, suppliant le Père éternel de daigner tout accepter selon le but et l'intention que je me propose, c'est-à-dire rendre gloire à sa Majesté suprême, et gagner des âmes pour le ciel, afin que tous nous fuyions le mal, et fassions le bien.

Offrande quotidienne à Jésus crucifié.

Mon Jésus : Vous connaissez toute ma fragilité ; si votre bras ne me tient, je vous offenserai certainement par beaucoup de fautes ; car, sans votre aide, je ne puis absolument rien. Ne permettez donc pas, ô mon Bien, que je vous offense en ce jour. Arrachez-moi la vie, avant que je ne vous offense par le moindre manquement ! Unissez mes sens et mes facultés à vos plaies, afin que toutes mes actions soient dirigées vers Vous. Unissez ma tête à votre couronne d'épines, afin que toutes mes pensées soient pour Vous. Unissez ma vue à vos yeux aveuglés de votre propre sang, afin que je ne voie pas les vanités de ce monde trompeur. Unissez mon ouïe à la vôtre, blessée par tant de blasphèmes, afin que mes oreilles soient fermées à tout ce qui n'est pas Vous, et attentives à vos appels et à vos inspirations. Unissez ma bouche à vos lèvres abreuvées de fiel et de vinaigre, afin que je ne me laisse pas vaincre par la gourmandise, ni par aucune délectation. Clouez mes mains avec les vôtres sur la Croix, pour que je ne puisse vous offenser par mes œuvres, et que toutes mes actions soient dirigées vers Vous. Percez mon cœur de la même lance qui traversa le vôtre, afin que je sois blessée d'amour et de douleur.

Clouez mes pieds du même clou qui transperça les vôtres, pour que mes pas suivent, sans jamais errer, le chemin de vos saints commandements. Unissez mon corps aux coups que reçut votre corps adorable, afin que toutes mes affections ne tendent qu'à vous, et que je conserve intacte ma pureté virginale. Enfin, mon Dieu, puisque vous êtes la tête qui dirige avec pleine puissance, et moi un membre qui doit se laisser diriger, faites que toutes mes actions soient agréables à votre divine majesté et dignes de vos yeux si purs. *Amen.* »

III

Jeûnes et abstinences que Notre-Seigneur impose à la vénérable.

Écrit du 1ᵉʳ juin 1866. — REPROCHES DE NOTRE-SEIGNEUR A SOEUR PHILOMÈNE QUI CRAIGNAIT DE SE SINGULARISER PAR SES JEUNES.

Loués et bénis soient à jamais les Très Saints Cœurs de Jésus et de Marie.

Je vous écris, mon Père, pour soulager mon cœur oppressé, et c'est au milieu des soupirs et des larmes que je trace les lignes suivantes. Ce qui me fit demander dernièrement à mes supérieurs la permission de me conformer au reste de la communauté dans les repas au réfectoire, c'était, il me semble, le grand désir que j'avais d'éviter toute singularité. Mais, hélas ! bien cher Père, après avoir obtenu cette permission, je voulus demander à mon bien-aimé Seigneur s'il ratifiait mes désirs, qui procédaient, ce me semble, d'intentions vraiment droites. Et contre toute attente, je sentis aussitôt mon âme remplie d'angoisses mortelles, tandis qu'une voix intérieure me criait : « N'est-ce pas moi-même qui t'ai poussée à ce jeûne ? Je trouverai bien le moyen de t'empêcher de continuer dans une pareille résolution : je te veux plus mortifiée en toutes choses. Est-ce ainsi que tu remplis ta promesse de ne jamais cesser, par respect humain, d'accomplir ma volonté? Où sont-elles allées les paroles d'autrefois : Je veux être sainte ; et les demandes de marcher dans la voie rude que je te montrais? Que sont devenus ces ardents désirs d'être crucifiée? Et cette soif de souffrances, cet amour et cette charité pour tes Sœurs, où sont-elles? Comment remplis-tu tes promesses? Est-ce ainsi que tu penses être toute à moi, et que tu veux que je t'accorde ce que tu me demandes? Malheur à toi, si tu te fais un dieu de ton ventre : tu manges beaucoup trop, et tu ne peux être aussi pure que je te veux, car c'est l'excès de nourriture qui te cause tous ces dommages. »

Ah! mon Père! quelles angoisses atroces pour ma pauvre âme qui ne désire rien tant que de s'unir au Souverain Bien, de se voir humiliée et réprimandée de la sorte, comme si elle tournait le dos à ce bon Père qui est la charité même! M'humiliant profondément, je lui dis alors : Parlez, mon Dieu, dites ce que vous voulez que je fasse : quelque grand que soit le sacrifice, je suis prête à l'embrasser. « Tu l'as fait bien peu jusqu'ici : je te demande de manger moins. » — Mais, ô Dieu de mon cœur! mes chères supérieures voudraient des signes qui leur indiquassent extérieurement votre très sainte volonté : vous le fîtes autrefois pour sainte Marie-Madeleine de Pazzi. — « A moi personne n'a à.....(1). Redoute ma colère, puisque tu ne veux pas m'être fidèle : crains de voir brisé ton orgueil, et d'être humiliée malgré toi. »

(1) Dans le manuscrit, la phrase reste inachevée.

Ah! mon Père! Je ne sais comment m'expliquer à moi-même tous ces reproches que Dieu me fait au sujet de la nourriture, se plaignant de ne pouvoir rien opérer en moi, parce que je ne suis pas aussi pure qu'il le demande, c'est-à-dire assez sobre. Je vous laisse à penser, mon Père, la peine et l'affliction que cela me cause, et surtout de me voir ainsi privée, ce me semble, de l'assistance amoureuse de mon Dieu, par suite de mes grandes infidélités. Aussi, mon cher Père dans le très doux Cœur de mon bien-aimé Jésus, dès que je pourrai me prosterner à vos pieds, je m'accuserai de toutes mes ingratitudes, pleine de confiance en la miséricorde et la bonté de mon Père céleste. C'est là, bien cher Père, le résumé succinct des impressions que me communiqua le Très-Haut. Avant de le commencer, j'ai voulu demander la bénédiction de ma bonne Mère Supérieure, bien résolue de soumettre complètement mon jugement et ma volonté à la décision que vous croirez devoir prendre. Faites de moi tout ce qui vous plaira. A mon bon vieux Père Lecteur (1), j'ose demander de s'enfermer au plus profond du très aimant Cœur de Jésus, de chercher à retenir le bras du divin Fils de la Vierge Immaculée, et enfin de prier pour moi, misérable pécheresse.

Écrit du 14 octobre 1866. — SŒUR PHILOMÈNE MANIFESTE A SON CONFESSEUR L'ORDRE QU'ELLE A REÇU DE DIEU DE PRATIQUER UNE PLUS RIGOUREUSE ABSTINENCE — ELLE EXALTE ENSUITE LE GRAND POUVOIR DE SAINTE THÉRÈSE SUR LE CŒUR DE JÉSUS.

Mon Révérend Père dans le très doux Cœur de Jésus,

Je désirerais savoir si c'est la volonté de notre Dieu et Seigneur tout-puissant, que je lui fasse demain le sacri-

(1) Le P. Juan Badia de Llacuna dont il a été question ci-dessus.

lice de tout aliment un tant soit peu assaisonné, et que je ne mange absolument rien de rôti. Je vois bien que ma vie entière doit consister en une continuelle mortification du goût, pour tous les reproches que je ne cesse de recevoir, si j'ose me permettre sans raison une pareille licence. Oh! merveilleuse humilité de mon Dieu! De quelle utilité suis-je à ce très haut Seigneur? Comme un bourreau cruel, je ne fais qu'augmenter, par mes nombreux et énormes péchés, les douleurs de son Cœur très pur. Et, malgré tout cela, écoutez, mon Père, ce qu'il me dit. « Ma fille, promets-moi ce sacrifice demain matin, avant que je te nourrisse de ma chair et de mon sang. Prive-toi de toute satisfaction du goût, et tu seras de mon goût à moi. »

Quel besoin a-t-il donc, ce souverain Maître, de mes jeûnes et de mes pénitences, ou bien encore de mes prières qu'il me recommande si fréquemment? Il me semble, en effet, que la moindre action d'une de mes jeunes Sœurs, encore novices, procurerait plus de gloire à Dieu que toutes mes œuvres réunies. Cependant, mon Père, tout en ne le faisant que pour obéir, je vous prie, par charité, de me dire ce que je dois faire demain.

En tout cas, je puis vous assurer d'avance de la conservation pleine et entière de mes forces corporelles, autant que vous pouvez le désirer. J'espère obtenir demain une grâce et faveur si grande, qu'une fois en possession de cette grâce, je n'aurai plus rien à craindre ni en ce monde ni en l'autre. Et ce sera par l'intercession de ma bien-aimée protectrice, sainte Thérèse de Jésus. Vous pouvez, mon Père, lui demander, vous aussi, toutes les grâces que vous voudrez, car elle est toute-puissante sur le Cœur de son divin Époux. Surtout, ne cherchez pas à faire ma volonté, mais la vôtre, car je ne désire rien autre.

Je vous baise les pieds.

Écrit du 13 novembre 1866. — NOUVELLES PERPLEXITÉS.

J. M. J.

Ma Révérende Mère Supérieure,

Si vous le jugez à propos, vous pourrez, après avoir lu cet écrit, le remettre au P. Narcisse.

Révérend Père Narcisse dans le T. S. Cœur de Jésus,

Je croyais que ces horribles tentations au sujet de la nourriture étaient passées; mais, hélas! mon Père, je me retrouve tout à coup, et sans savoir comment, au même point qu'autrefois. Mes pieds foulent un chemin si dangereux et si plein de précipices, que j'ai certainement quatre-vingt-dix-neuf chances contre une d'y périr. La très sainte volonté de Dieu est entièrement effacée de ma mémoire; j'ai honte de tout ce que j'ai accompli jusqu'à ce jour : le passé me paraît un songe; le présent, tentation mauvaise; le futur, vaine illusion. Tout est disparu de ma mémoire. Si je veux parler de la règle que je dois suivre dans la nourriture, je ne sais rien, absolument rien. Je crus un moment que si je me conformais à la communauté pour la nourriture, je n'en ressentirais aucun mal. Mais l'ignorance de la volonté de Dieu à l'endroit de mon jeûne, et mille autres doutes qui torturent mon esprit, m'obligèrent hier à rendre compte de tout ce que j'éprouvais à ma Révérende

Mère Supérieure. Je lui demandai si elle voulait que j'essayasse de la nourriture commune, pour voir si elle me ferait mal. Elle me répondit : Faites-le pour aujourd'hui, c'est-à-dire, hier, mardi. En effet, je n'en éprouvai aucun malaise : mais, pour aujourd'hui, mercredi, je ne sais plus ce que je dois faire. J'ai tout autant que jamais le vif désir de ne pas me singulariser dans la nourriture; mais, cependant, tout ce que je viens de dire, et surtout tout ce que je passe sous silence, me fait craindre avec raison d'être obligée bientôt, en dépit de mes répugnances et mauvais vouloir, à une rigueur plus grande que jamais. Comment me sera-t-il donc possible, mon Père, de supporter un genre de vie aussi dur, aussi en dehors des règles ordinaires? Et, si je l'entreprends, à quels rudes combats je m'expose de nouveau, en plus de la peine insupportable de ne pas savoir si c'est bien là la volonté de Dieu, volonté que j'aurais voulu suivre en tout ! Vous voyez, mon Père, mes doutes et mes perplexités : je vous prie, ainsi que ma Révérende Mère Supérieure, de me dire s'il vous semble bon que je me conforme pour la nourriture au reste de la communauté. J'ose espérer que Dieu vous le fera connaître d'une manière ou d'une autre. Je ne désire qu'être certaine d'accomplir sa très sainte volonté, afin de pouvoir combattre avec plus de force et d'ardeur, car j'en aurai bien besoin.

Je vous baise les pieds.

Écrit du 19 janvier 1867. — ACQUIESCEMENT ENTIER AUX ORDRES DES SUPÉRIEURS — COUP D'ŒIL RÉTROSPECTIF SUR LES ORDRES DIVINS DE RIGOUREUSE ABSTINENCE EN FAVEUR DE LA SAINTE ÉGLISE — TENDRESSES DU DIVIN ÉPOUX — MENACES EN CAS DE RELACHEMENT — SUPPRESSION DU POTAGE — ALIMENTATION AU PAIN ET A L'EAU TROP ABONDANTE — JEUNE COMPLET DE LA SEMAINE DIVISÉ ENTRE SŒUR PHILOMÈNE ET SŒUR ASSUNTA — LES TENTATIONS D'ORGUEIL — LES DEUX SENTIERS — DIVINES ASSURANCES — EFFETS DU JEUNE.

J. M. J.

Mon Révérend Père dans le très saint Cœur de Jésus,

Mon cœur, si désolé, ne laisse pourtant pas que de recevoir quelque peu de consolation de la considération suivante : Celui qui doit me juger connait bien l'ardent désir que j'ai de me soumettre en tout aux dispositions prises par mes bien-aimés supérieurs. Et ce que vous me demandez aujourd'hui, mon Père, serait précisément une des choses sur lesquelles je désirerais le plus vous contenter. Mais, je dois vous avouer que je ne sais vraiment comment m'y prendre pour l'accomplir : toutes mes facultés s'y opposent, d'une force telle qu'il m'est impossible de vous l'expliquer.

Si ma mémoire veut se reporter sur le passé ou regarder l'avenir, c'est le présent qui me torture. Mon entendement, éloigné de tout ce qui est bien, est affligé de peines sans nombre; ma volonté, inconstante et rebelle, est en lutte continuelle avec celle de Dieu : et si mon cœur n'était de bronze, il devrait se briser en mille morceaux. Cependant, pleine de confiance en Celui qui peut tout, j'entreprends ainsi que suit ma relation :

Il y a un peu plus de cinq ans que, tout d'un coup et sans que je pensasse le moins du monde à embrasser l'abstinence du poisson, je sentis mon cœur comme blessé d'un dard aigu qui le réveilla de sa somnolence en lui demandant de s'imposer l'abstinence susdite.

J'entrevis en même temps le but de cette nouvelle mortification, c'est-à-dire en faveur de la Sainte Église, et pour quelques autres fins particulières. De plus, ma volonté se montrait alors très docile à celle de Dieu, et, afin d'accomplir ce qu'on me demandait, j'en parlai aussitôt à votre Paternité. Le Seigneur ne permit pas qu'on fît droit à ma demande, mais je puis affirmer n'avoir pas éprouvé le moindre trouble durant tout le temps qu'on me refusa cette permission. Bien plus, je ne sentis jamais aucune répugnance ni aucune difficulté à accomplir tout ce qu'on m'ordonnait, bien que ce fût souvent l'opposé de ce que je désirais obtenir. Cependant, le Seigneur voulut bien m'indiquer sa volonté par divers signes certains, tantôt d'une manière et tantôt d'une autre. Un jour, il m'inspirait un dégoût et une inappétence si grande de toute nourriture, que je souffrais atrocement au temps des repas. Quelquefois, c'était un appétit insatiable; mais tout ce que je mangeais ne me faisait aucun bien et je tombais presque de faiblesse. D'autres fois, enfin, il m'accommodait un extérieur plein de santé et plus robuste que d'ordinaire — ainsi, du moins je paraissais être aux yeux de mes Sœurs, — mais, en réalité, manquant de toutes forces, et souffrant d'indicibles douleurs que je cherchais à cacher le plus possible, quant à la partie corporelle.

Cependant, Dieu ne cessait d'opérer de diverses manières sur la partie supérieure de mon esprit, et me donnait l'espérance certaine que, malgré les contradictions que j'éprouvais présentement au sujet de l'abstinence demandée, j'arriverais enfin à obtenir de remplir sur ce point sa très sainte volonté.

Il m'arriva un jour de me trouver en proie à de grandes perplexités, pour tout ce qu'on disait au sujet de mes jeûnes : avec ce que je mangeais, disait-on, il me serait impossible de conserver longtemps la vie, et d'un autre côté, je sentais devoir encore diminuer ma nourriture. J'étais donc retirée dans ma cellule, me demandant anxieusement si, en effet, ce que disaient mes Sœurs ne s'accomplirait pas, quand tout à coup notre divin Sauveur m'apparut. S'approchant de moi, un bras étendu comme s'il allait m'embrasser, et l'autre main sur son très doux Cœur, il me dit à l'instant ces paroles : « Ne crains donc pas, ma fille, que le Père des miséricordes, qui prend soin des plus petits animaux des champs, puisse jamais t'oublier. » Et son visage était si rempli d'une douce bonté, en même temps que d'une majesté si grande, qu'il est impossible de s'en faire une idée. Je demeurai au même instant avec la pleine certitude de pouvoir conserver, malgré tout, mes forces corporelles, et de n'avoir à craindre aucun dommage pour ma santé, de l'abstinence du poisson. Je n'eus plus jamais dans la suite un seul doute à ce sujet, et tout se passa en effet comme il m'avait été révélé.

Après avoir obtenu enfin la bénédiction de mes supérieurs pour l'abstinence de tout aliment ayant quelque trait de ressemblance avec le poisson, j'en fis le sacrifice à Dieu et à mon bien-aimé Père saint François, que je cherchais, en effet, d'imiter sur ce point. Pendant un certain temps, et en diverses occasions, je m'entendis souvent répéter ces paroles : « Je te veux encore dans une bien plus haute perfection! » Et si vous me demandiez, mon Père, de vous écrire la voie scabreuse et horrible qui me fut montrée alors, je ne pourrais vous dire autre chose, sinon qu'on n'y découvre partout que les abîmes éternels. Ce qui me remplit d'épouvante, c'est de voir, qu'avant même d'y mettre les pieds, déjà je suis tombée, vaincue par mes ennemis. Dans une autre occasion, j'entendis ces paroles : « Je te ferai écrire tout ce que tu éprouves. Je me servirai de toi pour le bien de beaucoup d'autres. Ta mortification dans la nourriture doit durer toujours. Si, pour obéir à d'autres inspirations, tu cesses de la pratiquer, je saurai bien trouver le moyen de te faire revenir à elle, en dépit de tout. Et si jamais tu l'abandonnais par sensualité ou pour contenter ta nature corrompue, oh! alors, malheur, malheur à toi! » Ah! mon Père, je n'en dis pas davantage, pour ne pas succomber aux angoisses que me cause une pareille pensée.

Pendant près de deux ans, je pus pratiquer tous mes jeûnes sans être contrariée dans leur accomplissement. Seulement, de temps à autre, je demandais à Dieu de me faire la grâce de pouvoir me conformer au reste de la communauté. Mais la réponse était toujours que je ne pouvais obtenir ce que je désirais, sans mettre mon salut en grand péril. Ce que je sais par une longue expérience, c'est que, chaque fois que je me sentais de plus grands désirs de me conformer à mes Sœurs pour la nourriture, Dieu venait aussitôt me demander une plus grande mortification, et le sacrifice de ces mêmes désirs et de toute ma volonté. La chose se passa ainsi : j'éprouvais une grande envie de reprendre mon aliment du poisson, et je croyais, en effet, devoir l'obtenir, parce que je ne cessais de le demander à Dieu, suppliant encore mes Sœurs d'en faire autant. Mais, au moment même où mes désirs, s'augmentant toujours, devenaient plus vifs, je me sentis poussée à ne plus manger même le potage, et cela avec une telle force, qu'en dépit de tous mes désirs contraires, je dus finir par m'y soumettre, après en avoir obtenu la permission de mes supérieurs. Je pratiquais depuis quelque temps cette nouvelle mortification, quand, tout à coup, mes désirs de me conformer pour le réfectoire au reste de la communauté me revinrent avec plus de violence que jamais. C'est alors que Dieu m'imposa une troisième mortification : la première fois, il m'avait défendu le poisson, la seconde le potage, cette fois-ci, je devais me contenter de pain et d'eau. Bien plus, me sentant reprise encore de mes précédents désirs, il m'ordonna de ne prendre un peu de pain qu'une seule fois par jour, c'est-à-dire vers le soir. Je pratiquai tout cela pendant un assez long temps, jusqu'à ce que vous-même, mon Père, m'ayez ordonné de me relâcher un peu. J'ajoutai alors à mon pain quelque fruit ou quelque légume, de ceux que l'on sert au réfectoire, et telle fut, en règle générale, ma nourriture pour un certain temps, excepté quelques occasions où je ne prenais qu'un peu de pain. Enfin, ces derniers temps, j'eus le sentiment que nous devions, avec Sœur Assunta, passer toute la semaine à jeûner l'une après l'autre, et c'est ce que nous faisons actuellement : l'une jeûne quatre jours, et l'autre les trois qui restent : la semaine suivante, cette dernière prend pour elle un jour de plus, et la première un jour de moins.

J'ai cru devoir jusqu'ici omettre les diverses tentations et luttes que j'ai eues à endurer depuis plus d'un an, m'étant impossible de vous en donner une exacte notion. J'en indiquerai pourtant quelques-unes séparément par crainte de m'embrouiller, vu ma grande ignorance. En premier lieu, beaucoup de ces tentations se dissimulent sous le manteau de la vertu et d'une plus grande perfection : de celles-ci, il y a des années et des années que je souffre. Le démon me fait voir avec complaisance la haute perfection qu'il y a à ne rien manifester au dehors de ce que j'éprouve intérieurement; il me montre toute la beauté des choses qui se cachent aux yeux des hommes, faisant valoir tant de raisons à ce sujet, que je ne sais comment sa malice peut aller si loin; mais il reste toujours vaincu et déjoué dans ses ruses trompeuses. Oh! mon doux Sauveur! il m'est impossible de décrire les flots impétueux qui m'ont si souvent investie, et qui auraient dû mille fois m'engloutir! Je voyais devant moi comme deux chemins différents, et on m'invitait à choisir celui que je voulais suivre. L'un était très large et facile : il représentait la satisfaction des appétits sensuels qui me promettaient de grands avantages si je prenais plus de nourriture. L'autre, des plus étroits, était semé de sentences qui m'indiquaient les difficultés de l'abstinence demandée. J'éprouvais et j'éprouve encore une grande envie de suivre le premier, qui me ferait, me semble-t-il souvent, bien moins souffrir. Mes ennemis, profitant de ces désirs de mon cœur, cherchent par tous les moyens possibles de m'arracher à mes jeûnes : je n'en finirais pas si je voulais conter toutes les ruses infernales dont ils se servent. Ce sont des luttes continuelles et incroyables : des tentations les plus importunes du monde ; le démon représente vivement à mon imagination les mets les plus exquis, les saveurs les plus délicates, et cela partout, au chœur, dans ma cellule, dans les endroits les plus éloignés de la cuisine : il voudrait me faire croire que ces combats et obsessions proviennent de ce que je ne fais pas la volonté de Dieu en pratiquant mes abstinences. A ces tentations, il faut ajouter mille autres rêves de mon imagination, la certitude de me trouver sur une voie tout au moins équivoque, la menace de plus grands maux encore, ne voyant de tous côtés que des précipices sans fond. Mais le plus terrible de tout est de constater que mon esprit n'est nullement disposé à suivre le second chemin, pour le voir si rempli de choses difficiles et rebutantes. Il semble désirer bien plutôt jouir en ce monde que dans l'autre, et vouloir uniquement vivre selon la chair, sans prendre aucun souci de la grande affaire de l'éternité.

En plus de tout cela, je sens encore la rigueur des réprimandes exprimées par les paroles dont est semé le second chemin. Tantôt, j'entends de terribles menaces pour vouloir faire le contraire de ce que me prescrivent les sentences sus-indiquées; et quelquefois même, je suis si horriblement châtiée de mes désobéissances, que si la douleur n'allait s'apaisant peu à peu, il serait impossible de la supporter longtemps. D'autres fois, le Seigneur vient à moi plein de bonté et de miséricorde, me renouvelle ses désirs de me voir le glorifier davantage, et m'excite à tout espérer de son très doux Cœur. Souvent même, ne pouvant plus supporter la vue d'une telle humiliation dans le Dieu de Majesté, je lui réplique ainsi :

« Ah! mon Seigneur et mon Dieu! vous ne demandez que cela à votre indigne esclave? certainement que je veux en cela et en toute autre chose accomplir votre très sainte volonté. Oui, oui, mon Dieu, taillez et tranchez tout ce qu'il vous plaira dans ce mauvais arbre, pour qu'il donne en temps opportun des fruits abondants de salut. » Mais vous désirez, sans doute, mon Père, connaître les effets que produisent mes résolutions antérieures de m'adonner davantage à l'abstinence. C'est alors que je me vois en lutte contre mille difficultés plus grandes que jamais, et au milieu de ténèbres si horribles que celles de l'abîme lui-même ne semblent pas devoir les surpasser. J'entends mille voix différentes : tantôt l'une me dit que tous mes jeûnes sont contraires à la volonté de Dieu, tandis qu'une autre ajoute que j'aurai à subir les plus terribles humiliations, comme châtiment de mon audace. Tantôt le démon me tient ce langage : « Puisque tu prétends que toutes ces tentations contre l'abstinence sont notre œuvre, et que tu désires quand même être de celles qui jouissent des satisfactions sensuelles, ne découvre rien de ces combats à ton directeur : il te presserait tellement de continuer cette vie de pénitence, que tu en resterais bientôt à demi morte, sans que, pour cela, il te permette jamais de te relâcher d'un seul point sur les mortifications ordonnées : ce qui serait cause pour toi de souffrances intolérables et de plus sans aucun résultat. » Si je voulais ici continuer mes explications sur ce sujet, ce serait à n'en pas finir, tant se répètent fréquemment ces luttes intérieures et extérieures que j'ai essayé de vous décrire. Les jours que je puis manger, je me sens quand même une faim insatiable, et souvent, après mon repas, j'ai bien plus d'appétit que les jours où je ne goûte pas un morceau. J'entends alors cette menace : « Si tu ne manges pas, tu ne pourras arriver au soir », et en même temps, je me sens prise, il me semble, d'une telle faiblesse que je crois défaillir. Mille perplexités assiègent mon esprit, sans pouvoir comprendre la cause de pareils changements, et je me persuade qu'il n'y a qu'illusion et mensonge dans tout ce que je fais.

De plus, mon Père, l'ennemi infernal se sert encore de ma bien-aimée Sœur Assunta pour me martyriser sans cesse. Il profite des diverses variations de nos jeûnes, pour me persuader que mes pénitences sont blâmables, m'assaillant si fortement sur ce point, que je crois en être restée plusieurs fois complètement persuadée. Si je suis la première à pratiquer ces mortifications, il me tourmente de mille manières; si c'est ma Sœur, c'est encore la même chose. Seulement, je sens que, pour ma Sœur, c'est là l'œuvre de Dieu lui-même, tandis que, pour moi, c'est le résultat de la malice de Satan, de mon propre orgueil et de ma présomption, ce qui me fait craindre de grands châtiments en ce monde et en l'autre. Je pourrais en dire bien davantage sur ce sujet et sur d'autres; mais je crois, mon Père, que, pour le présent, ces quelques notes vous suffiront. D'ailleurs, Dieu seul peut savoir l'état où je me trouve, et mon entendement, si plein de doutes et de perplexités, ne me permet pas de vous en donner une connaissance plus exacte.

Si vous désiriez me faire quelque question, ou me demander un éclaircissement, je suis prête à vous répondre. En vous demandant pardon d'avoir si mal rempli l'obligation que vous m'aviez imposée, je vous baise les pieds.

Écrit du 4 février 1867. — NOUVEAUX REPROCHES CONTRE L'INSUFFISANCE DE SES ABSTINENCES — ELLE DOIT IMITER SAINT FRANÇOIS DE PAULE — PLUS DE SOBRIÉTÉ ENCORE — ACQUIESCEMENT A LA VOLONTÉ DE DIEU.

J. M. J.

Mon Révérend Père dans le très saint Cœur de Jésus,

Je voyais bien que, depuis quelque temps, mon abstinence n'était pas entièrement conforme à la divine volonté, mais j'y persévérais quand même par ma propre faute. Que Dieu me pardonne tant d'infidélités! Cependant, me voyant proposer pour modèle l'abstinence de notre Père saint François, et sachant que lui ne mangeait que le soir, et jeûnait depuis le matin du jeudi jusqu'au samedi dans la nuit, je désirais, moi aussi, en faire autant. Mais, malgré cette abstinence du jeudi au samedi soir, je me sentais encore reprocher de vouloir manger le lundi et le mercredi, car, me disait-on, notre Père saint François ne mangeait pas ainsi tous les jours. Et comme cette pratique me semblait trop rigoureuse, et que je redoutais de tant souffrir, j'entendis ces paroles : « Pourquoi ne souffrirais-tu pas, puisqu'il a bien souffert, lui? » Je résolus donc d'entreprendre ce que le Seigneur m'ordonnait, c'est-à-dire de ne manger que les mardi, jeudi et samedi, et cela le soir seulement; ce qui fait une fois toutes les quarante-huit heures, excepté le dimanche, où je mangerai quand même le soir. De plus, Dieu m'a encore reproché de manger chaque fois trop abondamment : « Il semble, m'a-t-il dit, que tu attends tes forces uniquement de la nourriture, et non de ma grâce. » Je résolus alors, avec votre bénédiction, Révérend Père, de ne manger qu'une seule fois tous les deux jours, et des aliments les plus grossiers et les plus insipides. Depuis lors, les reproches du Seigneur ont cessé. Mais, ah! mon Père, tout l'enfer s'est aussitôt déchaîné contre moi, pour me tourmenter de mille manières. Cependant, si vous croyez que c'est là la volonté de Dieu, je suis résolue d'embrasser avec amour et respect la très sainte croix qu'il plait au Seigneur de m'envoyer. Ne demandez donc pas à Dieu, mon Père, d'adoucir mes peines, ou de me consoler dans mes afflictions, mais bien plutôt de me donner sa très sainte grâce pour m'aider à les supporter avec une sainte résignation, et à triompher des menaces dont me poursuivent les démons.

Veuillez, mon Père, me pardonner d'être ainsi importune, je ne le fais que dans le but de rendre ma ligne de conduite plus sûre, et de ne pas m'exposer aux illusions.

Béni soit à jamais le Seigneur! Je vous baise les pieds.

IV

Épreuves spirituelles et souffrances physiques.

Écrit du 22 août 1866. — ANGOISSES INTÉRIEURES — COMBATS POUR NE PAS DÉLAISSER LA SAINTE TABLE — SUGGESTIONS D'IRRÉVOCABLE DAMNATION.

J. M. J.

Mon Révérend Père,

Elles montent si haut les vagues, que je prévois un naufrage certain. Si j'étais, pour mes péchés, excommuniée, chassée de la religion, jetée dans un sombre cachot, chargée de fers et de chaînes, souffrant la honte et la faim, je crois que toutes ces douleurs, augmentées d'autres encore, ne pourraient égaler une seule des peines que j'endure en ce moment. Et si, au milieu de tant d'angoisses, il m'était possible de trouver quelque consolation, ce serait précisément celle de n'avoir pas à m'approcher de la Table eucharistique. Comment puis-je supporter de voir le très saint Fils de Marie couvert une autre fois d'opprobres par moi-même? Cependant, je pense que je communie pour vous obéir, à vous, mon Père, qui tenez envers moi la place de Dieu. Si toutes les menaces auxquelles je suis en butte (1) venaient à s'effectuer, certainement ma vie serait très courte et ma fin bien désolée. Il m'est impossible, mon Père, de pouvoir m'expliquer davantage. Je ne puis que souffrir en silence, espérant contre toute espérance : car mon dernier mot est que je ne me donne nullement pour vaincue, malgré que le démon voudrait me faire croire que certaine est ma ruine et irrévocable mon éternelle damnation.

Veuillez, mon Père, demander à Jésus et Marie de m'assister de leur grâce, pour que je puisse déjouer les desseins de qui cherche à perdre mon âme, et par là rendre gloire au triomphateur de la mort.

B. S. P.

(1) La Vénérable, en parlant de menaces, fait allusion aux efforts du démon qui ne cessait de l'obséder.

Écrit du 2 avril 1867. — TRIBULATIONS DE SŒUR PHILOMÈNE — ELLE SOUFFRE DE NE POUVOIR CONVAINCRE SON CONFESSEUR DE SON IRRÉPARABLE MISÈRE — TENTATIONS DE DÉSESPOIR.

J. M. J.

Mon Révérend Père dans le très saint Cœur de Jésus,

Je ne sais pourquoi je ne suis pas encore submergée par les vagues furieuses qui m'entourent de tous côtés, et qui me font entrevoir un naufrage certain, après une navigation si douloureuse. Ce qui me peine souverainement, c'est de n'être pas crue de Votre Révérence quand je lui rends compte de mon triste état. Cela me torture tellement, que mes ennemis en profitent pour me mettre en danger de faire le naufrage le plus triste que puisse désirer la malice diabolique. Ils cherchent d'abord à me persuader par mille raisons que, ne pouvant convaincre Votre Révérence de ma réprobation certaine, ni de mes nombreuses défaites au milieu des tentations, non plus que de mes défauts et de l'impossibilité de m'en corriger jamais, je dois, pour être crue de vous, mon Père, commettre quelque horrible péché, avec le plein consentement de ma volonté, comme, par exemple, maudire ou blasphémer Dieu, ou la Vierge Marie, ou bien nier opiniâtrement quelque article de notre sainte foi, ou encore....

Il me semble souvent, mon Père, que je suis sur le point de commettre, en effet, quelqu'une de ces abominations, et cela pour me préserver du désespoir, ne sachant plus où mettre le pied, puisque, de tous côtés, je ne vois que l'abîme ouvert devant moi. Je ne me comprends ni ne puis plus me souffrir moi-même. Ah! mon Père! quel jour malheureux que celui de ma naissance!

Je n'en dis pas davantage pour ne pas commettre quelque nouvelle faute.

Recevez, mon Père, mille salutations de la part de mes parents et de toute la famille, car mon frère aîné m'a écrit en leur nom et me dit que ma mère a promis de vous écrire bientôt. Je vous baise les pieds.

SŒUR PHILOMÈNE REMIT L'ÉCRIT SUIVANT A SON CONFESSEUR LE 4 SEPTEMBRE 1857. C'EST UNE RÉPONSE AUX CONSEILS QUE CELUI-CI LUI AVAIT DONNÉS PAR ÉCRIT POUR L'ENCOURAGER AU MILIEU DES VIOLENTES SOUFFRANCES CORPORELLES QU'ELLE ENDURAIT, AINSI QUE DE SES GRANDES PEINES D'ESPRIT.

Vous me dites, mon Père, de prendre courage, et vous dites bien : quelle ne doit pas être ma confiance après avoir choisi pour ma demeure éternelle et pour refuge assuré le sein lui-même du Très-Haut? Dans ses bras, mon corps endolori trouve un refuge, et dans son cœur, mon âme abattue se ranime. Cela étant, qui donc et quoi donc pourrions-nous craindre, mon Père? Rien, non, rien, mon Père, ne peut désormais me séparer de l'amour que je dois à mon Dieu.

Si mon très aimant Père du ciel m'afflige de croix aussi pesantes, c'est sans doute afin de m'exciter à l'aimer toujours davantage. Aussi, quand les occasions se présentent de lui faire plaisir, mon âme déborde d'allégresse, et souvent, si je n'étais retenue par mes douleurs corporelles, j'irais partout criant et courant, tant il me semble ne pouvoir plus contenir l'abondance des consolations et des délices qui s'écoulent du saint arbre de la croix! Ah! mon Père, comment voulez-vous qu'après cela, je n'éprouve pas le plus grand contentement à me voir dans un aussi bienheureux état? Je ne puis, mon Père, m'étendre davantage, car je dois aller à l'infirmerie et il me tarde, d'ailleurs, de vous faire connaître les grandes miséricordes dont me comble le Tout-Puissant.

Écrit du 8 septembre 1867 (1). — DESCRIPTION DÉTAILLÉE DE SES SOUFFRANCES — CHANT D'ALLÉGRESSE.

J. M. J.

Mon Très Révérend Père,

Il m'est très facile de vous rendre compte des souffrances qu'il plaît à Dieu de me faire endurer. Pour cela, je n'ai qu'à vous dire ces quelques mots : De la plante des pieds jusqu'au sommet de la tête, il n'y a en moi rien de sain.

Seulement, toutes les autres souffrances sont intermittentes, excepté celles de la poitrine, où j'endure une oppression continuellement violente.

Quant aux autres souffrances, et à commencer par les pieds, je dois vous dire, Père, que les plus intenses sont celles des talons; mais je ne sais comment les caractériser, tant elles sont étranges ! Mes pauvres jambes sont torturées d'une autre manière : ce sont comme des morsures qui me font horriblement pâtir. Ces douleurs m'obligent parfois de marcher en boitant et avec la plus grande difficulté. J'éprouve encore d'autres souffrances, surtout à l'intérieur, où tout l'organisme est comme travaillé au tour, avec des coups d'aiguillon et des morsures d'animaux dans les côtes.

De la taille aux épaules, les douleurs qu'il plaît à

(1) Le confesseur avait demandé cette relation à Philomène afin de mieux connaître les douleurs qui l'accablaient durant l'étrange maladie de sa purification passive, et dans le but de pouvoir émettre un jugement plus sûr à ce sujet.

Dieu de me faire endurer de temps à autre sont très variables. Certaines tumeurs semblent, quelquefois, me monter jusque dans les bras et me causent, sur une assez large surface, des élancements aigus et violents.

J'ai déjà dit l'oppression intérieure et sans intermittence de la poitrine ; à l'extérieur, j'éprouve des déchirures semblables à celles que produirait un dard acéré. Je me sens quelquefois serrer à la gorge et près d'étouffer au milieu de souffrances que Dieu seul connait et qu'il m'est impossible d'expliquer. Aux épaules, ce sont d'autres douleurs : il me semble qu'on les perfore avec une vrille, comme on ferait sur une planche, et cela avec une telle force que, souvent, je crois, en effet, qu'il en est ainsi.

Dans le dos, ce sont encore comme des tumeurs : je les sens se former tout à coup, et, quelque temps après, disparaître de la même manière.

Quant à la tête, il me semble que je l'ai toujours dans un étau où elle est violemment comprimée et frappée avec divers instruments de martyre. Quelquefois même, il me sort par les yeux et les oreilles comme des étincelles de feu, et je crois voir le sang en jaillir, tant sont violentes les percussions et les douleurs que j'y ressens.

Quant aux bras, je n'y éprouve que quelques douleurs sans importance. Mes mains, jusqu'au poignet, sont tourmentées d'une chaleur si grande qu'on peut bien la comparer au feu. Il m'arrive encore de ressentir successivement par tout le corps des impressions de froid ou de chaleur excessive, et autres souffrances dont j'ai déjà parlé. Vous connaissez maintenant, mon Père, toutes mes infirmités, et j'y trouve un tel contentement que je ne voudrais pas échanger mon sort contre celui même des bienheureux. O trop aimables souffrances! ô douces et adorables croix, qui gagnez à mon âme de si grands biens! Oui, mon Père, je veux bénir à jamais le Dieu qui m'aime tant. Ou aimer ou mourir.

Écrit du 10 novembre 1867. — PLAINTES DE LA VÉNÉRABLE, MAIS PLAINTES RÉSIGNÉES — DÉLAISSEMENT COMPLET EN FACE DE LA COLÈRE DIVINE — VAINS APPELS DE SON AMOUR ET DE SA DOULEUR — ESPÉRANCE QUAND MÊME — PAIX PROFONDE PAR DELÀ LES TROUBLES — PROJET D'ÉCRIRE SUR LES GRANDEURS DE DIEU.

*Daigne le très saint Cœur de Jésus allumer dans les nôtres
la flamme de son amour!*

Si je voulais, mon Révérend Père, vous faire connaître mon état actuel selon le langage de la chair, je m'écrierais que c'en est déjà fait de moi, je suis sans doute arrivée à la dernière calamité, celle d'être complètement abandonnée de Dieu; et partant, que je vais toujours de mal en pis, jusqu'à me voir au milieu des abîmes les plus horribles, et déjà comptée parmi les morts. Mais, oh mon Père! je ne veux nullement en faire un reproche à mon très aimant Père du ciel qui m'aime tant, et qui comble mon âme de si grands bienfaits, malgré toute mon indignité. Aussi, mon Père, les expressions dont je me servirai pour vous rendre compte de ma situation actuelle ne doivent pas être regardées comme une plainte, mais bien plutôt comme un cri de louange au Dieu qui opère en moi de si grandes choses.

Sachez donc, mon Père, que, tout le jour, je ne connais qu'afflictions.

Si je me réveille la nuit, c'est pour souffrir encore; et quand, au matin, le soleil vient réjouir toutes les créatures, il me semble que son éclatante lumière ne fait qu'épaissir les ténèbres où je suis plongée. Mon cœur est oppressé de craintes et d'angoisses mortelles. Je tremble et je tremble encore ; les profondes et désolantes ténèbres qui m'entourent me laissent voir seulement la colère du Seigneur déchaînée contre moi. Mais, mon Père, je ne veux pas m'arrêter à cette pensée, en dépit des tristesses qui m'accablent sans aucune consolation. Assaillie de tous côtés par mes ennemis qui conspirent ma perte éternelle, remplie de douleurs dans tout mon être, je crois encore plus grandes les souffrances qu'endure mon âme dans la crainte des justes jugements du Seigneur.

Hélas ! mon Père, je crie vers le ciel, je crie encore, je crie toujours, mais ma voix se fatigue en vain, mes yeux baignés de larmes sont obligés de s'abaisser de nouveau vers la terre : les douze portes de la Jérusalem céleste restent toujours fermées. Cependant, le doux souvenir de mon Bien-Aimé, que je sais être derrière ces portes sacrées, m'encourage encore. Je me remets de nouveau à crier, à l'appeler par son propre nom. Mais, je ne sais, mon Père, si vous me croirez, ne pouvant le croire moi-même ; mon Bien-Aimé ne daigne pas me faire entendre sa voix si douce, et bien moins me laisser voir son aimable visage : il semble que plus je l'appelle, plus il s'en irrite. Ah ! mon Père, que Dieu ait pitié de moi ; car, si je l'aimais comme je le dois, je devrais, semble-t-il, en ce moment même, mourir de ne pas mourir. Ma vie se conserve sans doute, mais pour moi c'est vivre en mourant, et mourir sans avoir vécu. Ma pauvre âme ne soupire qu'à se voir plus intimement unie à son Dieu, et Celui-ci la repousse avec mépris, avec horreur presque : aussi, après avoir vainement appelé mon Bien-Aimé par les noms les plus doux et les plus tendres, ma désolation se fait-elle toujours plus profonde et plus délaissée. Que ferai-je donc, mon Père, dans une aussi triste situation? Désespérer? oh! non, jamais : je veux aimer, croire et espérer toujours. J'attendrai, pleine de confiance, que Celui qui, tant de fois, m'a efficacement soutenue au milieu de mes épreuves, se souvienne enfin de son indigne servante.

Si mon espérance est une illusion et ma sécurité un leurre, veuillez, mon Père, m'en avertir: je suis prête à me soumettre à toutes vos décisions avec une obéissance aveugle. Si je vous parlais maintenant de la grande paix intérieure que j'éprouve, il vous semblerait peut-être voir là une contradiction flagrante avec tout ce que je viens de dire, et pourtant il en est ainsi. Au milieu de toutes mes souffrances, de toutes mes afflictions, je surabonde de joie dans les consolations divines. Mon âme repose dans une tranquillité inaltérable, attendant avec confiance l'accomplissement des promesses que le Seigneur nous a faites. Ah! mon Père, en dépit de ma grossière ignorance, je veux retracer par écrit quelques-unes des grandeurs du Très-Haut, si toutefois il daigne me donner la santé nécessaire pour cela (1). Nous devons espérer de grandes bénédictions que le très doux Cœur de Jésus va bientôt répandre sur toute la chrétienté, en accomplissement de ses promesses.

(1) La Vénérable n'a rien écrit au moins *ex-professo* sur ce sujet, ni sur aucun autre. Sa vocation était, semble-t-il, de glorifier Dieu, non pas en écrivant mais en souffrant et en se consumant d'amour.

J'aurais beaucoup d'autres choses à écrire encore sur ce sujet, mais c'est l'heure de me mettre au lit, et je ne puis, pour le moment, m'étendre davantage. Vous me pardonnerez, mon Père, les imperfections de cet écrit.

Je vous baise les pieds.

Écrit du 18 décembre 1867. — PLEINE CONFORMITÉ DE PHILOMÈNE A LA VOLONTÉ DE DIEU AU MILIEU DES TRIBULATIONS — VAINES SUGGESTIONS DU DÉMON ET SUBLIME RÉPLIQUE DE LA VÉNÉRABLE.

Vive Jésus notre amour et Marie notre espérance.

Mon très cher Père dans le très doux Cœur de Jésus,

Par la miséricorde du Seigneur, je dois vous avouer que jamais, au milieu de toutes mes tribulations tant intérieures qu'extérieures, pour grandes qu'elles aient été, je n'ai eu d'autre volonté, d'autre désir que de supporter mes souffrances uniquement par amour de Celui dont l'amour me les envoyait : je me sentais comme appelée à l'union la plus intime et la plus parfaite avec la volonté de Dieu. Il me semble aussi que, sans l'affection que, malgré mon indignité, tout le monde me témoigne en priant si souvent pour ma santé, je n'aurais bien souvent pensé ni à la santé, ni à la maladie, ni à la vie, ni à la mort ! J'ai éprouvé cela en tout ce qu'il a plu au Seigneur de me laisser souffrir. Mais, si je n'ai jamais eu d'autre désir que d'accomplir toujours et le plus parfaitement possible la volonté de Dieu, j'ai toujours également voulu et désiré ce que mes bien-aimés supérieurs désiraient et voulaient. Cependant, en les voyant pencher plus d'un côté que de l'autre, et surtout douter de l'esprit qui m'animait, si je venais à mourir, j'avoue en avoir été peinée, ne voulant pas qu'à cause de moi et vu ma triste situation actuelle, vous souffriez le moindre ennui. Hier pourtant, mon Père, vous ayant trouvé en si complète conformité avec mes sentiments intérieurs, et avec une telle résignation aux volontés de Dieu, j'en ai ressenti la plus grande consolation qui puisse s'offrir à moi dans ce bas monde. Il me semble, en effet, qu'agissant de cette manière, vous ne pâtirez aucunement de toutes mes extravagances.

Béni soit, mon Père, le Dieu tout-puissant, qui, malgré mon indignité, me comble avec une telle abondance de ses célestes faveurs. Il semble mettre toutes ses délices à remplir mon cœur des plus pénibles désolations, à me laisser dans l'abandon le plus complet, me mettant, pour ainsi dire, à deux doigts du naufrage. Mes ennemis victorieux et triomphants se moquent de mon éternelle confiance en ce Dieu de miséricorde. Je les entends me crier : Où donc est maintenant ton Dieu, celui en qui tu espérais tant et tant? Ah! taisez-vous, vils esprits blasphémateurs ! taisez-vous, et sachez que le Dieu en qui j'espérais, j'espère et j'espérerai toujours, c'est le Dieu d'Israël, le Dieu d'Abraham, le Dieu de Jacob. C'est ce même Dieu tout-puissant et éternel qui vous a chassés loin de sa présence, pour votre excès d'orgueil, et précipités dans les abîmes de l'enfer, dont vous ne sortirez plus jamais. Vous seuls, n'avez plus rien à espérer de sa miséricorde, et cela par votre propre faute. Mais, quant à moi, mon espérance en ce Dieu si bon est telle que, si même il vous permettait de me saisir, si déjà je me voyais au fond de l'abîme, j'espérerais encore, j'espérerais toujours. Avec une ferme confiance, j'attendrais que ce Dieu, à la fois si grand et si doux, veuille bien étendre vers moi ses bras paternels, et me retirer saine et sauve de tous les tourments que vous prétendez m'infliger. Oui, mon Père, malgré toute mon ignorance, c'est ainsi que je parviens à repousser les assauts de mes ennemis, quand ils cherchent à me tenter sur quelque point des merveilleuses œuvres d'amour opérées par notre Dieu. A l'exemple de l'archange saint Michel, je leur dis : Qui est comme Dieu? et je m'efforce, en enfant soumise à la volonté de mon Dieu et de mon Père, d'accomplir toutes mes actions pour la plus grande gloire et le plus grand honneur de ce Père qui est aux cieux. Oh! qui donc me donnera de pouvoir élever ma voix et mes appels jusqu'aux célestes parvis, pour inviter tous les esprits bienheureux à entonner un cantique de reconnaissance au Saint des Saints qui me comble de telles faveurs?

V

Le Sacré Cœur de Jésus. — Le triangle étoilé. La Sainte Église.

Écrit du 5 juin 1866. — LA VÉNÉRABLE RECOMMANDE A SON CONFESSEUR DE SE CONSACRER AU DIVIN CŒUR AU JOUR DE SA FÊTE ET D'EN PROPAGER LE CULTE — BONHEUR DE VIVRE DANS LE DIVIN CŒUR — CETTE CONSÉCRATION SERA TRÈS AGRÉABLE A LA SAINTE VIERGE.

J. M. J.

Mon Révérend Père,

dans le très aimant Cœur de Jésus mon seul amour,

Le Dieu de mon cœur me demande d'être fidèle à mes promesses à sa Majesté Suprême, et c'est ce qui m'oblige à vous faire connaître, bien qu'en termes très imparfaits, mes sentiments pour le très doux Cœur de Jésus, et ce que ce divin Cœur attend lui-même de votre Paternité. Ne doutant pas que vous aussi désirez vivement savoir ce que demande de vous ce Cœur si aimant, je vous dis qu'il exige de vous un sacrifice ou consécration complète et entière de tout votre être, de telle sorte que vous ne viviez plus que renfermé dans ce Cœur sacré, vous faisant disciple fidèle de Jésus, courant avec lui à la conquête des âmes, pour les attirer à ce même Cœur, qui brûle de si ardente charité pour nous tous. Oh! mon Père! si vous faisiez ce sacrifice le jour prochain de sa très sainte solennité, quelles grâces abondantes ce Cœur si plein d'amour répandrait sur vous! Ah! mon Père, quel bonheur est le nôtre, de vivre et de mourir enfermés dans une aussi agréable demeure! Il me semble, Père, que cet amoureux Cœur est tout rempli d'ouvertures béantes par lesquelles s'échappent d'immenses flammes d'amour, et que nos ingratitudes augmentent encore cette fournaise de feu en notre faveur. Si je suis, moi, si ingrate envers ce Cœur si embrasé, que vous, du moins, mon Père, vous lui soyez fidèle, et le compensiez autant qu'il vous est possible des nombreux outrages qu'il reçoit dans le Sacrement de son amour par tant de blasphèmes et de sacrilèges horribles.

Quelle joie indicible causera votre généreuse offrande à la Très Sainte Vierge Marie, notre Mère, qui accepta avec tant de plaisir la consécration que vous lui fîtes à Montserrat (1). Qu'aucune crainte ne vous retienne, mon Père ; soyez assuré que vous ne manquerez jamais des

---

(1) Sœur Philomène, au mois de mai 1864, avait connu par révélation le dessein encore secret et les hésitations de son confesseur qui voulait aller faire une retraite au sanctuaire de Montserrat. Elle l'encouragea dans ce projet, et

secours opportuns et nécessaires pour remplir fidèlement vos engagements envers le divin Cœur. Dites, mon Père, à toutes les créatures, à toutes si possible, d'aimer ce Cœur si digne d'être aimé. Il est tout charité, ce Cœur, tout amour. Il est toute patience, toute humilité ; il est, en un mot, mon Père, le temple vivant et le trône de la bienheureuse Trinité qui, en un mode ineffable, fait de ce Cœur sa demeure. Je voudrais pouvoir faire connaître au monde entier les trésors enfermés dans le Cœur de Jésus ; suppléez, mon Père, à mon incapacité ; vos efforts ne seront pas sans fruit. Que votre Paternité excuse ma témérité, je désire si vivement le bien de nos frères (les chrétiens) que je suis, malgré moi, contrainte de parler.

Les jeûnes que, hier, vous m'avez commandé de faire, ont été, je crois, très agréables à Notre-Seigneur. Qu'il vous récompense lui-même de votre charité.

Écrit du 19 novembre 1866. — RÉVÉLATION SUR LES AFFLICTIONS DE PIE IX ET SUR LES PÉRILS DE L'ÉGLISE — NOTRE-SEIGNEUR VEUT QUE PHILOMÈNE S'IMPOSE, POUR L'ÉGLISE, DE NOUVEAUX SACRIFICES — ELLE DOIT GOÛTER « LE CALICE » DE LA PASSION.

J. M. J.

Mon Révérend Père dans le très aimant Cœur de Jésus,

Au lieu de châtier, comme elle le mériterait, ma volonté dépravée et rebelle, qui, tant de fois, l'a volontairement offensé en contrariant ses désirs, et en lui refusant, tout dernièrement encore, les trois nouveaux jeûnes par semaine qu'il me demandait, parce que cela coûtait trop d'efforts à ma tiédeur, le divin Maître, dimanche dernier, quand j'y pensais le moins, m'appela

lui prédit — ce qui arriva en effet — que la Sainte Vierge le sauverait d'un double danger de mort durant ce voyage.

et me dit : « Je veux que tu t'offres en victime, et que tu me fasses le sacrifice du pain que tu manges, et que tu prennes seulement, de temps à autre, quelques légumes les plus grossiers du jardin. Je te demande ce sacrifice jusqu'à la Nativité, afin de m'obliger de plus en plus à donner la paix et la victoire à mon Église, si abattue en ce moment. Et, pour que ton offrande soit plus complète et plus agréable à mes yeux, je te laisserai souffrir en ce mois diverses tribulations et angoisses d'esprit. » Cette demande du Seigneur me confondit extrêmement, et je lui fis connaître les nombreuses imperfections qui gâtaient toutes mes œuvres, ainsi que la résistance continuelle de ma volonté à la sienne. Mais, voyant qu'il insistait dans sa demande, je lui promis d'en parler à mes supérieurs, et de m'y soumettre s'ils y consentaient.

Le lendemain, au moment de communier, une force intérieure me poussa à faire l'offrande de tout ce qu'il y avait en moi, en faveur du Souverain Pontife et du triomphe de la Sainte Église, offrande que je suis prête à mettre par écrit, si mes supérieurs désirent la connaître. Ce même jour, étant au chœur à réciter Matines en compagnie de mes Sœurs, le Seigneur me dit encore : « Ma fille, je veux que tu goûtes du calice de ma passion ; s'il a été nécessaire que je le boive jusqu'à la lie pour sauver le monde, je veux qu'aujourd'hui, tu en boives ta part, et qu'ainsi tu m'obliges à le sauver encore. Ta Mère, la Sainte Église, souffre en ce moment de mortelles angoisses; comme elle, tu dois arriver jusqu'aux portes de la mort; mais, ni l'une ni l'autre ne périrez ; vous triompherez, au contraire, pour ma plus grande gloire. » En même temps, il m'excita à ne pas m'inquiéter de ce que diraient mes Sœurs, en me voyant si abattue, et comme à l'agonie, par suite des grandes douleurs et angoisses que je devais endurer, et qui, certainement, resteront bien au-dessous de celles qu'il voulut lui-même souffrir par amour pour moi et pour tous les hommes.

Voilà, mon Père, ce que j'avais à vous manifester, vous priant de me faire connaître votre volonté à ce sujet.

Je vous baise les pieds.

Écrit du 30 janvier 1867 (1). — ELLE DEMANDE A DIEU, SAGESSE INCRÉÉE, DE L'ÉCLAIRER POUR BIEN S'EXPRIMER — SAINT MICHEL ARCHANGE LUI APPARAIT ET LUI DEMANDE DE MANIFESTER SES GRANDEURS — PHILOMÈNE LE PROMET, MAIS A CONDITION QUE L'ARCHANGE VOLERA AU SECOURS DE PIE IX ET NE PERMETTRA PAS QU'IL SOIT CHASSÉ DE ROME — NOTRE-SEIGNEUR VEUT DONNER DEUX JOYAUX PRÉCIEUX — LE DIVIN CŒUR, ÉPUISÉ D'AMOUR ET DE TRISTESSE, CHERCHE VAINEMENT UN LIEU DE REPOS — DEUX ÉTOILES VIENNENT PRENDRE DANS CE CŒUR LA PLACE DE L'AMOUR ET CELLE DE LA DOULEUR — LE TRIANGLE ÉTOILÉ — QUE SONT CES TROIS ÉTOILES? — A MARIE LE MOUVEMENT DE LA DOULEUR DANS LE CŒUR DE JÉSUS — A SAINT MICHEL CELUI DE L'AMOUR — SAINT FRANÇOIS DE PAULE ET SA DÉVOTION A SAINT MICHEL — AVIS A DONNER AUX CARMÉLITES DE VALLS.

J. M. J.

Mon Révérend Père,

Que le très aimant Cœur de Jésus ne cesse de répandre ses divines faveurs avec une abondance sans mesure, et, à vous, mon Père, qu'il vous donne la santé nécessaire pour que vous puissiez, par tous vos travaux, contribuer à la prospérité et à l'accroissement

---

(1) A cette date, Sœur Philomène était dans une extrême désolation d'esprit et éprouvait une insurmontable répugnance à écrire. Le confesseur dut recourir au précepte formel pour avoir par écrit cette relation, une des plus importantes parmi les écrits de la Vénérable.

de notre sainte religion; grâces que vous obtiendrez, sans aucun doute, de ce Cœur si plein de bonté et de miséricorde.

Je voulais donc, mon Père, vous faire le compte rendu que vous m'aviez demandé, et après avoir imploré de Dieu les grâces et lumières nécessaires pour cela, j'expliquerai d'abord ce qui m'arriva, il y a environ un mois et demi. Je vous demande dès maintenant pardon des paroles inutiles que je vais employer, sans doute, pour m'expliquer aussi bien que me le permet la lourdeur de mon esprit. Et vous, mon Dieu, Être suprême et Sagesse incréée, daignez répandre sur la plus vile de toutes vos créatures vos divines lumières, pour que je ne m'éloigne pas d'un iota de la pure vérité, dans tout ce que je me propose d'écrire ici, pour la plus grande gloire de votre Très Saint Nom. Je vous prie humblement de ne pas regarder à l'insuffisante explication que j'entreprends, mais bien plutôt à la pureté de mes intentions. Je commencerai sous l'invocation des noms de Jésus, de Marie et de saint Michel.

Il y a donc, comme je viens de le dire, mon Père, environ un mois et demi que, sans aucun antécédent dans cet ordre de choses, je me sentis tout à coup, et d'un mode que Dieu seul connaît, comme appelée par le très glorieux archange saint Michel. Il me dit ces paroles : « Fais connaître aux hommes le grand pouvoir que j'ai près du Très-Haut; dis-leur de me demander tout ce qu'ils voudront, dis-leur que ma puissance en faveur de ceux qui me sont dévots est sans limites. » Et, en même temps, il ajouta cet ordre formel : « Fais connaître mes grandeurs »; et je compris bien, mon Père, qu'il ne me demandait pas cela pour sa propre gloire, mais pour la seule gloire de Dieu dont il est si zélé.

Et moi, dans mon étonnement, je lui répondis: « Oui, archange et prince du Très-Haut, je manifesterai vos grandeurs, et, si vous m'obtenez la grâce que je vais vous demander, je veux, avec la bénédiction de mes supérieurs, répandre partout votre dévotion, et j'écrirai de ma propre main une neuvaine en votre honneur. » Je pensais alors aux horribles calamités dont était menacée en ce moment la capitale de la chrétienté, et même la chrétienté entière, si, par malheur, son Chef suprême, le Souverain Pontife Pie IX, se voyait obligé de quitter le siége pontifical. Ma demande fut celle-ci: « Je vous en supplie, très noble archange, puisque vous pouvez tant et que vous désirez tant travailler à la gloire de l'Éternel et à l'exaltation de sa Sainte Église, ne permettez en aucune manière que notre Pasteur suprême, le Souverain Pontife, doive jamais abandonner Rome. Allez vous-même, en compagnie de l'Immaculée Vierge Marie, allez le défendre du feu infernal qui le menace; confondez Satan et ses sectateurs impies, qui voudraient voir la Sainte Église abattue et enterrée avec tous ses ministres. Faites, grand archange, que notre sainte Mère triomphe bientôt, et confondez ses fils rebelles avec les démons qui les inspirent. »

Cette demande achevée, je fus émerveillée de deux choses: la première, de voir un aussi puissant prince s'humilier et s'abaisser ainsi jusqu'à moi; et l'autre, de ma présomption, pour lui avoir promis de faire connaître ses grandeurs. Cela m'apparaissait en dehors de toute possibilité: sur quelles connaissances m'appuyer pour le faire? Jusqu'alors, je n'avais rien appris ni étudié sur un aussi sublime sujet ; je ne pouvais pas non plus me servir d'aucun livre, puisque le Seigneur me défend absolument d'employer mon temps à faire la moindre lecture pour bonne qu'elle soit. Cependant, mon Père, malgré ma témérité en cette occasion, Dieu me pardonna ma présomption, et j'obtins de sa grâce les moyens d'accomplir ce que j'avais promis.

Depuis ce moment jusqu'à ces derniers jours, j'ai entendu maintes fois les paroles suivantes: « Je mettrai deux joyaux des plus précieux comme ornements à mon Cœur pour sa gloire perpétuelle; j'en couronnerai les deux mouvements de mon Cœur, en mémoire éternelle des bontés de ce Cœur qui aime tant les hommes. Je veux, par cette nouvelle tendresse, montrer tout l'amour que je porte à l'homme. Je ne sais plus que faire pour l'homme. Que ferai-je donc pour l'homme? » A quoi je lui répondis: « Sauvez-le, mon Dieu, puisque c'est dans ce but que vous avez répandu votre très précieux sang. » Je comprenais bien que ces deux joyaux étaient Marie Immaculée et l'archange saint Michel, et je voyais en même temps l'heureux sort de ceux qui s'emploieraient à leur procurer honneur et gloire. J'entendis encore ces paroles: « Cette nouvelle Trinité doit être bénie et glorifiée sur la terre, comme l'est dans le ciel l'unité des trois divines Personnes: heureuse la nation, heureux le pays ou le monastère qui s'enflammera de cette dévotion! Écris tout ce que tu en sais. »

Ces derniers mots me laissèrent remplie de confusion, car je suis la plus misérable et la plus criminelle de toutes les créatures, à qui Dieu ait donné l'être, depuis le commencement du monde; et pourtant, c'est ainsi que Dieu veut me confondre dans ses infinies miséricordes! Comme je désirais rendre compte de tout cela avec clarté, lui-même a daigné m'indiquer les moyens de le faire, et me donner l'explication de ce que cette vision signifiait.

Je passe sous silence, mon Père, le détail des combats qu'eut à soutenir presque continuellement le très saint Cœur de Jésus, depuis sa sortie du doux sein de son Père éternel, je veux dire la douleur et l'amour; mais, par tout ce qui me fut dévoilé, je vis que l'amour triompha toujours de la douleur. Je regarderais presque comme un péché d'orgueil de vouloir donner de longues explications sur ce sujet. Que pouvez-vous ignorer là-dessus, mon Père, vous qui, depuis tant d'années, vous appliquez à l'étude de la sainte oraison et des livres sacrés, livres qui renferment tant de trésors sur les œuvres admirables de notre Dieu? Cependant, je dois dire ceci : que l'amour a triomphé, triomphe et triomphera toujours de la douleur, car, dorénavant, le très doux Cœur de Jésus ne recevra plus aucune douleur, pour les motifs que je dirai plus bas. Je tâcherai maintenant d'expliquer la manière dont j'eus connaissance du dernier effort que va faire le très doux Cœur du Verbe éternel, pour sauver les hommes. Il en fut à peu près ainsi : il me sembla voir le Cœur de Jésus, épuisé de fatigue et de tristesse, allant d'un lieu à un autre, comme s'il ne pouvait supporter le poids des grâces et des faveurs surabondantes qu'il tenait renfermées en lui-même. Il allait de tous côtés, comme s'il voulait trouver quelque part un refuge; et, au lieu de repos, il ne trouvait partout que des buissons dont les épines acérées le blessaient et faisaient couler son sang. Je ferai remarquer ici que tout cela je ne le vis pas de mes yeux corporels; car, au contraire, durant tout ce temps, j'avais bien soin de les tenir fermés.

Ce très saint Cœur allait ainsi tout rempli d'afflictions, et comme près d'expirer de douleur, quand apparurent tout à coup deux étoiles d'une beauté et d'un éclat indicibles. Elles s'approchèrent de ce divin Cœur à deux endroits différents, qui me parurent être ceux-là mêmes que blessaient l'amour et la douleur; et dès que les deux étoiles eurent ainsi touché le Cœur, celui-ci demeura aussitôt grandement soulagé des angoisses qui l'oppressaient : ses tristesses se convertirent en joie, ses blessures en transport d'amour le plus paisible et le plus suave. Les deux étoiles vinrent donc se poser l'une à droite et l'autre à gauche de ce Cœur Sacré; et alors celui-ci se changea à son tour en une troisième étoile, sans perdre pourtant sa forme naturelle : toutes trois demeurèrent ainsi triangulées, formant le triangle que l'on donne pour signe de l'unité ou égalité des trois Personnes divines. Je compris cependant que cette unité suprême n'était pas représentée par ces trois étoiles réunies ensemble : celle du milieu, le Cœur de Jésus; celle de droite, Marie Immaculée; et celle de gauche, l'archange saint Michel; le triangle qu'elles formaient signifiait l'unité de volonté qui les met tous les trois en parfaite harmonie, pour le bien de l'homme. Marie veut demander, Jésus ou son très saint Cœur veut accorder et saint Michel veut distribuer à large main ce que Marie a obtenu. Quant aux paroles, voici celles que je notai : Marie à droite et saint Michel à gauche, l'étoile du Cœur de Jésus se faisait de leurs rayons comme autant de langues. Du côté droit vers Marie, je vis, plusieurs fois répétés, ces mots : *Fiat, fiat;* en allant de Marie à saint Michel, ceux-ci : *Va, va, va;* et de saint Michel au Cœur de Jésus : *Qui est comme Dieu?* (1) Mais si je voulais faire connaître l'immense bonté dont Dieu use envers nous, en réunissant en notre faveur trois volontés aussi nobles, je ne saurais que balbutier, ma langue ne pouvant trouver d'expressions pour rendre une telle merveille. Je dirai seulement que le très saint Cœur de Jésus désire ardemment remplir la promesse qu'il fit autrefois par ces paroles : « Je tiens en réserve, dans mon Cœur, d'immenses trésors pour les derniers temps, afin de ranimer la foi à demi morte, dans les chrétiens de cette époque-là. »

Nous sommes déjà presque arrivés, mon Père, à cet état lamentable, et afin de nous prouver l'amour dont il brûle pour nous, ce Cœur Sacré a voulu d'abord être blessé de toutes parts : comme autant d'épines aiguës, comme autant de traits pénétrants, les péchés les plus énormes ont fait à ce Cœur des blessures d'une inexprimable profondeur. Ne pouvant supporter davantage l'amour qui l'embrase, voulant à tout prix notre bonheur éternel pour lequel il s'est déjà fait homme, et brûlant de répandre avec plus d'abondance les fleuves de grâces qu'il tient enfermés dans son Cœur, déjà les ouvertures nombreuses de toutes ses blessures ne lui suffisent plus.

(1) Cette exclamation, trois fois répétée, peut signifier: *vois*, ou bien : *va, va.* S'il n'y avait quelque témérité à ajouter une interprétation personnelle à ces sublimes intuitions, nous dirions volontiers que le sens de la vision requiert *va* et non pas *vois*. L'Immaculée Vierge répète la prière de son adoration maternelle, *fiat, fiat*, pour provoquer le Cœur de son Fils à réaliser ses desseins de miséricorde; puis elle dit à saint Michel d'aller répandre les trésors de miséricorde et de grâce qu'elle vient d'obtenir

Alors, ne sachant que faire encore, son amour infini a disposé que ces deux diamants, de la plus attrayante beauté, répandent en abondance sur nous les trésors renfermés dans cet océan d'amour. Oh! mon Dieu! vous aviez bien raison de vous écrier que vous ne saviez plus que faire! Quelle est donc, Seigneur mon Dieu, cette Trinité, divinisée par vous-même, à qui vous nous ordonnez maintenant de rendre nos hommages et notre culte? Ah! oui, vous avez voulu me faire connaître vous-même la dignité et la grandeur de ces trois brillantes étoiles qui forment le merveilleux triangle. Celle du milieu est le Cœur Sacré du Verbe éternel, ce Cœur qui, de toute éternité, a été enfermé dans votre sein très pur. Mais quelle est donc l'étoile du côté droit? Ah! mon Dieu! que dirai-je de ce que je ressens à la vue de cette seconde étoile, nommée Marie Immaculée! je n'en dirai que ceci : Comme le Verbe éternel a été de toute éternité enfermé dans votre sein, de même Marie, votre Fille immaculée, a été enfermée de toute éternité dans votre pensée. Et comme le sein et l'esprit sont si rapprochés, de ces deux nobles parts de vous-même, vous avez détaché les deux perles les plus précieuses pour les donner à l'homme, et celui-ci y a répondu en se révoltant contre son Créateur! Si maintenant, Révérend Père, vous me demandez quelle est la dignité de celui que représente la troisième étoile, puisque, si Jésus et Marie sont les plus aimés de Dieu, saint Michel, qui leur est donné pour compagnon, doit avoir une grande ressemblance avec les deux premiers? Je répondrai ainsi : La beauté de saint Michel a, en effet, une telle ressemblance avec celle de Dieu, qu'après le Verbe éternel, il n'y a aucun autre esprit dans le ciel qui lui soit comparable. Et, comme entre le sein et la pensée, il y a le visage, cette place revient à saint Michel, qui est la très claire et très fidèle image de l'Être éternel. Quant à ses grandeurs, j'en parlerai un peu plus loin.

Afin de pouvoir mieux m'expliquer, mon Père, sur la signification des mouvements du Cœur de Jésus, je supposerai que V. P. me pose des questions et je répondrai de mon mieux à ces questions.

Question. — Jésus veut donc couronner maintenant les deux valeureux capitaines qui combattirent si vaillamment, remportant une infinité de victoires en faveur de l'homme tombé; je veux dire les deux mouvements du très doux Cœur de Jésus, la douleur et l'amour. Mais alors, Marie et Michel Archange étant les deux diadèmes précieux dont il va les couronner, quel est celui des deux mouvements qui est échu en lot à Marie Immaculée?

Réponse. — Celui de la concentration, c'est-à-dire la douleur : et à saint Michel, celui de la dilatation, qui, en Jésus, était l'amour le plus intense (1).

Question. — Et pourquoi Marie n'a-t-elle pas eu le côté de la dilatation, puisqu'elle est appelée en toute vérité *Cause de notre joie?*

Réponse. — Parce que, de même qu'un cœur oppressé d'angoisses a besoin de quelque objet digne de son amour, où il puisse s'épancher, et qu'une fois en pos-

---

(1) Aux lecteurs pointilleux, qui se formaliseraient de ce que Sœur Philomène n'a pas employé, pour exprimer les deux mouvements du cœur, les mots techniques de systole et diastole, nous répondrions que, autre est le langage de la théologie mystique, et autre celui de la physiologie.

session de cet objet, le cœur se dilate à son aise; de même il en fut pour Jésus. Dès l'instant de l'union de la divinité à sa très sainte Humanité, son Cœur Sacré fut oppressé de douleurs intenses, comme personne n'en souffrit jamais. Ces douleurs allaient toujours s'augmentant en raison de nos péchés toujours plus nombreux et plus énormes, jusqu'à ce qu'enfin, ne pouvant plus supporter tant de blessures et tant de souffrances, il appela à son aide l'objet le plus digne de son amour, la Vierge Marie, la faisant maîtresse absolue de ce mouvement de son Cœur. C'est ainsi que, désormais, mon Père, le très saint Cœur de Jésus ne souffrira plus aucune douleur, Marie Immaculée occupant à jamais cette place privilégiée.

Question. — Quel sera maintenant l'emploi de saint Michel du côté de la dilatation ou de l'amour?

Réponse. — Ce très noble Archange sera comme un messager pour distribuer les grâces innombrables que Marie obtiendra du Cœur de Jésus. Et il goûtera un plaisir si grand de pouvoir ainsi prêter obéissance à sa Reine, et consoler en même temps nous tous qui gémissons sous un si dur esclavage en cette terre d'exil, que, sans exagération, on peut, en toute vérité, lui donner le nom de joie sans égale. Ah! mon Jésus! quelle ineffable union j'ai remarquée entre ces trois objets dignes de toutes nos attentions, de tout notre amour! On peut bien dire qu'entre Jésus, Marie et Michel Archange, il n'y a vraiment qu'une même volonté, qu'un même désir. Oh! mille fois heureux ceux qui leur sont dévots, dévots du très saint Cœur de Jésus, ou bien de sa Mère Immaculée, ou encore du séraphique saint Michel Archange : car, selon ce que j'ai pu remarquer, la gloire que l'un d'eux en recevra sera partagée également par les deux autres. Je ne veux pas, Révérend Père, m'étendre davantage pour expliquer en détail toutes les grâces que, dans le court espace de deux ans, le Cœur de Jésus a épanchées sur notre Espagne, et sur beaucoup d'autres points de la chrétienté. Je dirai seulement qu'elles sont incomparablement plus admirables les miséricordes qui nous attendent dès aujourd'hui, si nous sommes zélés en la dévotion au Sacré-Cœur de Jésus, à Marie Immaculée, et à saint Michel Archange. Oh! quel immense bonheur pour notre sainte Religion des Minimes, d'avoir pour protecteur celui-là même qui assiste sans frayeur au trône du Très-Haut! Notre Père saint François connaissait bien toute sa puissance, lui qui l'aimait si tendrement : imitons sa dévotion envers saint Michel, et nous obtiendrons certainement sa protection. Il me semble, Révérend Père, que ces quelques notes suffiront pour le moment, car je ne puis plus former une seule lettre, tant la main me tremble. Le Seigneur se plaît à me pousser chaque jour dans l'épaisseur croissante des ténèbres, au point que j'en arrive à perdre même le souffle. Béni soit le Seigneur Dieu d'Israël qui daigne ainsi me visiter.

Je vous baise les pieds.

P. S. — D'après mon sentiment, Révérend Père, vous causeriez une joie indicible au Sacré-Cœur de Jésus en cherchant à faire régner une grande et fraternelle union de prières et d'exercices de piété, entre les religieuses Carmélites de Valls et notre sainte Communauté. Engagez-les toutes à se montrer pleines de zèle, et à prodiguer leur amour et leurs hommages au très doux Cœur de Jésus, à sa très sainte Mère, l'Immaculée Vierge Marie, et à l'Archange saint Michel. Assurez-les que c'est là le moyen de faire pleuvoir en abondance les bénédictions du ciel et sur nous, et sur ce pays, et sur le monde entier.

Écrit du 21 janvier 1868 — VISION DES CALAMITÉS QUI MENAÇAIENT LE MONDE — LE FLEUVE QUI VA SORTIR DU CŒUR DE JÉSUS — LA LUTTE DE PHILOMÈNE CONTRE CE DIVIN CŒUR — ARC ET FLÈCHES POUR LA LUTTE — NOTRE-SEIGNEUR DEMANDE DE TROIS COMMUNAUTÉS DES PÉNITENCES ET DES PRIÈRES.

Rien contre Dieu, rien sans Dieu, et rien sinon pour Dieu.

Mon Révérend Père dans le Très Saint Cœur de Jésus,

Il y a quatre ans que je vis, en un mode terrible, les malheurs et les châtiments qui menaçaient le monde; c'était comme un nouveau déluge, non point d'eau, mais de mille autres calamités : et maintenant, il me semble que tout ce que je vis est près de s'accomplir, sans que je sache comment l'expliquer. Cependant, j'eus d'un autre côté la consolation de comprendre que du Cœur de Jésus sortirait comme un fleuve d'abondantes grâces qui féconderait à nouveau le monde chrétien et amènerait ainsi le triomphe de l'Église. Afin d'obtenir une pareille grâce, je fis maintes fois à Dieu le sacrifice de tout ce qu'il y avait en moi, bien qu'à la vérité, il n'y eût rien de bon : et j'en arrivai à une telle hardiesse, qu'un jour je m'écriai en défiant le Seigneur : « Je veux laisser votre Cœur tellement couvert de blessures d'amour que les juifs eux-mêmes n'auront pas blessé votre corps d'autant de plaies que je vais en faire à votre amoureux Cœur. » Pensant donc que les dards et les flèches vont avec une grande rapidité frapper au but, je jetai un regard dans mon intérieur, et j'y trouvai, avec une matière plus forte que le bronze et dont je me décidai à former un arc, d'autres matériaux non moins forts et en surabondance, que j'employai à faire des dards et des flèches. Puis, je me décidai à prendre mon arc, mes dards et mes flèches pour sortir sur le champ de bataille. Mais, ah! mon Dieu, à la seule pensée que j'avais à lutter contre l'éternel Monarque Jésus-Christ, vainqueur de la mort, avec la prétention outrée de le vaincre, je m'épouvantai moi-même de ma témérité, et je restai toute confuse d'un pareil orgueil (1).

Le mardi, 21 janvier, vers le milieu du jour, mes angoisses et ma désolation allèrent jusqu'à l'agonie. Cependant, je descendis avec toute la communauté aux saints exercices, et pendant que j'étais en oraison, je ne pus faire à moins d'entendre clairement ces paroles : « Ma fille, si tu peux trouver trois communautés qui me fassent le sacrifice de jeûner au pain et à l'eau les trois premiers vendredis des trois mois qui vont suivre, en ajoutant à ce jeûne une heure d'oraison en commun, et une petite aumône, tu obtiendras ce que tu désires. » M'humiliant alors profondément, je m'écriai : A qui daignez-vous faire une pareille demande, ô mon Seigneur et mon Dieu? à moi, chétive créature? Cependant, si

(1) Par ce langage imagé et d'une mystique si élevée, la vénérable Philomène veut exprimer sans doute sa volonté absolue d'immolation en union avec le Cœur du divin Rédempteur, et les actes d'amour et de sacrifice dont cette immolation était le point de départ. En faisant au Cœur de Jésus de nouvelles blessures, avec cet arc de l'immolation et ces traits de l'amour, elle voulait faire sortir de ce divin Cœur, par ces blessures nouvelles, de nouvelles miséricordes.

vous daignez, mon divin Sauveur, me faire connaître les communautés de qui vous attendez ce sacrifice, j'irai les indiquer à mon Père Directeur. Ah! Bonté suprême, vous me répondîtes ainsi : « La communauté des Minimes que tu habites et qui m'est si chère, celle du Carmel de Valls, et enfin celle des Carmélites Déchaussées de Tarragone. » Je sus en même temps, mon Père, que les religieuses qui ne pourraient s'acquitter du jeûne n'ont aucune crainte à avoir, pouvant facilement y suppléer par la prière, et l'offrande de toutes leurs actions pendant les trois jours indiqués. Ah! si elles savaient tout le bien qui doit en résulter! (1)

VI

L'âme et son Bien-Aimé.

Le 11 mars 1868, la Mère Supérieure, voyant Sœur Philomène étendue depuis plus de cinq heures sur sa couche sans mouvement ni parole, et craignant quelque grave complication, fit appeler le confesseur pour savoir de lui ce qu'il y avait à faire en cette occasion. Le confesseur, à la vue du visage enflammé de la patiente, comprit que quelque chose d'extraordinaire se passait dans son intérieur. En effet, après quelques minutes, Philomène revint à elle et lui dit : « Mon Père, si cela m'arrive une seconde fois, j'en mourrai : mes forces ne

---

(1) Les trois communautés indiquées firent, en effet, ce que Notre-Seigneur demandait, mais sans connaître le mode merveilleux de cette demande. Le premier biographe de la vénérable Philomène fait justement remarquer qu'il n'entend pas attribuer à ces trois communautés seulement les grâces de préservation promises par Notre-Seigneur, mais il estime à bon droit que les sacrifices de ces vaillantes religieuses doivent y avoir eu une large part.

peuvent pas le supporter. » Le confesseur lui ordonna de mettre par écrit tout ce qui lui était arrivé, et, deux jours après, il recevait les pages suivantes.

Écrit du 13 mars 1858 — DIEU EST FIDÈLE A SES PROMESSES — ÉCHANGE DE VOLONTÉ ENTRE NOTRE-SEIGNEUR ET SA SERVANTE — DÉSIRS DU CRUCIFIEMENT — L'ANNEAU DE LA FOI — LE VOILE NUPTIAL. — SAINTE SÉCURITÉ — SUBLIME DÉFI A NOTRE-SEIGNEUR — L'ABSENCE DU BIEN-AIMÉ.

J. M. J.

Très cher Père dans le très aimant Cœur de Jésus,

Vous n'ignorez pas, mon Père, ma perversité et mon néant, et cependant, à ma grande confusion, je dois vous dire que je pourrais donner au monde entier un témoignage authentique de la manière merveilleuse dont notre Dieu remplit ses divines promesses, quand il peut trouver une âme qui réponde fidèlement à ses appels. Je ne puis, il est vrai, me glorifier d'avoir toujours été fidèle à mon Dieu, comme aussi je ne prétends pas me dire exempte de passions et de très nombreuses fautes. Ce serait là un véritable mensonge qui offenserait extrêmement la vigilance de mon divin Pasteur : car il doit, ce Père si aimant, me bien tenir dans ses bras pour que je reste dans son bercail. Ah! mon Dieu, je vais errante comme une brebis égarée : venez à ma recherche, mon doux Seigneur, car je suis votre servante, et, au milieu de mes peines et de mes angoisses, je n'oublie pas d'observer vos saints commandements.

Oui, mon Père, je suis vraiment toute remplie d'étonnement et d'admiration de voir le Dieu Tout-Puissant accepter ainsi mes sacrifices, et correspondre toujours aussi à mes pauvres désirs de perfection. Après m'être consacrée tout entière et sans réserve à l'amour d'un aussi puissant Seigneur, je le vis répondre à mon offrande par les grâces les plus admirables. Non content de se faire mon Maître pour m'instruire lui-même dans la science de la plus haute sainteté, il me demanda de se faire le Maître unique et absolu de ma volonté. Comment pouvais-je résister à une demande faite par lui? Oui, lui dis-je, prenez, mon Dieu, prenez ma volonté, et faites qu'on ne voie plus en moi cette volonté mais seulement la vôtre. Je ne veux plus vivre que de votre amour, en Vous, de Vous, et pour Vous.

Un jour que je répétais avec ferveur l'acte de donation de moi-même, j'osai lui dire : Oui, mon Dieu, prenez ma volonté ; mais, en échange, donnez-moi la vôtre, car je veux être fille de votre volonté. Et alors, oh! profonde humilité de notre Dieu! il me sembla qu'il s'abaissait jusqu'à moi, pour imprimer d'une façon merveilleuse en mon âme sa divine volonté, au point que, depuis lors, je ne puis arriver à éprouver même un premier mouvement qui soit contraire à son divin vouloir.

C'est ici que je désirerais pouvoir donner quelque explication de cette union merveilleuse de volonté à volonté ; mais, comment le pourrais-je faire, puisque je suis même impuissante à rendre ce que je ressens de cette union au plus intime de mon âme, non plus que l'inaltérable tranquillité de mon esprit? Mes ennemis s'efforcent de me persuader que cette union, que cette tranquillité ne sont que tromperies et, qu'au jour du jugement, ils riront de moi et de mes œuvres.

Voyez vous-même, mon Père, si je suis, ou non, dans le faux. Tout ce que je puis assurer, c'est que ma volonté n'a pas connu cette union par le moyen de douceurs et de faveurs spirituelles, mais bien au milieu et par le seul moyen des croix les plus pesantes. Et pourtant, ces coups remplissaient mon cœur d'une telle suavité que je m'écriais : « Oh ! mon Amour, quand donc pourrai-je enfin étendre mes mains et mes pieds sur votre sainte croix ! Puisque vous m'invitez à vivre crucifiée avec vous, ne retardez pas trop, mon Dieu, l'heureux jour de mon crucifiement : si vous me voulez crucifiée, mon cœur est prêt, mon Dieu, mon cœur est prêt. »

Le Seigneur, voyant que ma faiblesse courait de si grands périls dans les combats auxquels il me savait continuellement exposée, me faisait souvent des grâces inénarrables. Un jour, entre autres, que j'étais agenouillée avec le plus profond respect, dans le silence de ma cellule, goûtant les délices de la plus suave communication avec Dieu, mon âme se sentit tout particulièrement favorisée et comme enivrée de la vue de son Bien-Aimé. Je m'écriai alors : Mon Jésus, donnez-moi un anneau, qui me serve de témoignage de la vérité irrécusable de tout ce que vous avez opéré en votre esclave ! et Lui me répondit : « Je te donne l'anneau de la foi. » Ce don de Dieu est demeuré, depuis lors, si profondément gravé dans mon âme, qu'il ne m'a jamais été possible de vaciller un seul instant sur un point quelconque de la croyance aux mystères les plus sacrés de notre sainte religion. J'ai en très grande estime cette faveur céleste, Dieu lui-même m'ayant assurée que, si je restais forte en la foi, je vaincrais tous les démons de l'enfer.

Veuillez, mon Père, examiner encore si je me trompe dans l'interprétation que je donne à cette autre grâce, dont je vais maintenant vous entretenir.

Il me semble que ce fut pour m'indiquer qui je devais choisir pour gardien de ma pureté virginale dans les assauts présents et futurs du démon. Un jour que j'avais perdu l'empire de mes facultés et de mes sentiments, il me sembla tout à coup être en présence de Jésus-Hostie : un vénérable vieillard, que je crus reconnaître pour le patriarche saint Joseph, m'apparut alors, et me mit sur la tête un voile d'une blancheur extraordinaire. Ce voile, s'étendant ensuite sur tous mes membres, couvrit comme d'un riche et brillant manteau mon corps si pauvre et si misérable. Pardonnez-moi, mon Père, de vous dire ces choses-là ; peut-être vais-je ainsi contre votre volonté. Vous savez bien, en effet, que ce n'est pas en cela que consistent la perfection et la sainteté auxquelles Dieu a daigné m'appeler, mais bien plutôt à accepter avec fidélité toutes les croix et tribulations que, dans sa miséricorde infinie, mon Père céleste veut bien m'envoyer.

Ce sont là, sans doute, les moyens les plus sûrs pour atteindre le but auquel je tends, avec l'aide de sa sainte grâce. Mais, ah ! mon Dieu, vous voyez bien, Vous, à quelle extrémité m'ont réduite et me réduisent les angoisses de mon âme ! Vous voyez, mes forces sont abattues, ma chair sans vie, et tout mon être témoigne de mes peines et de mes souffrances ! Cependant, mon Père, j'espère toujours dans l'aide du ciel, et que le Seigneur daignera me soutenir et me protéger. Non, il ne permettra pas que mes ennemis se réjouissent de me voir en leur pouvoir, Lui qui a bien voulu me placer sur une voie sûre, où il guide lui-même mes pas.

Ah! mon Père, qui donc pourrais-je craindre? Personne, rien de tout ce qui n'est pas Dieu. Il semblera, sans doute, que je suis folle de défier ainsi toutes les créatures ; mais, mon Dieu, vous savez bien que je ne veux par là que rendre témoignage à la vérité de vos divines promesses, qui sont ma sécurité. Rien, mon Dieu, rien ne peut me séparer de votre amour. Et comme il me semblait, mon Père, que le Seigneur s'éloignait de plus en plus de mon âme, j'en arrivais jusqu'à lui dire : Pas même Vous, mon Dieu, ne pourriez me séparer de votre amour! Quand vous iriez demeurer dans les déserts les plus horribles, là, mon âme vous suivrait, sans craindre les hurlements des bêtes féroces ni les rugissements des lions.

Mais, oh! malheureuse que je suis! voici qu'il semble que Dieu ait voulu accepter mon défi et le mettre à l'épreuve. Depuis quelques jours, j'éprouve dans mon intérieur je ne sais quoi d'inconnu jusqu'ici. Je vois bien que c'est autre chose que ce que je ressens d'habitude, et quelquefois je m'écrie : Mais qu'est-ce donc, mon Jésus? Dans ces moments-là, je me sens comme transportée de brûlantes et rapides ardeurs : mon âme se voit élevée à une voie sublime, mais hérissée des dards les plus aigus. Je me sens alors blessée d'amour et une voix me dit que je dois souffrir encore davantage. Cependant, comme cette blessure consiste à vivre en mourant d'amour, elle me fait plus vivement ressentir l'absence de mon Bien-Aimé. J'éprouve, en même temps, les plus grands désirs de le retrouver; mais, hélas!

mon Père, où donc le trouverai-je ? Je sais que mon Bien-Aimé est une source d'eau vive et mon âme se meurt de soif; mais, malgré toutes mes recherches, je ne puis trouver cette onde salutaire qui, seule, peut apaiser mes brûlantes ardeurs, et guérir mes infirmités.

Les symptômes sont divers et multiples. Quelquefois, au lieu de ces ardeurs dévorantes, j'éprouve, au contraire, un froid subit et glacial au plus intime de mon être : il semble que je sois sur le point de tomber dans une défaillance mortelle. De vives souffrances intérieures me torturent presque continuellement : je crois toujours être près de vomir, et il me semble que je vais rejeter par la bouche jusqu'à mes entrailles et mon cœur. Ces angoisses finissent quelquefois par devenir si intolérables, que j'aurais envie de courir en poussant des cris comme une véritable folle. Mais, comme cela même serait pour moi une sorte de soulagement, Dieu veut encore m'en priver : en même temps, mon pauvre corps succombe presque aux fortes douleurs qui l'accablent, et parfois, je rends à l'improviste, par la bouche, des flots de sang, que je fais mon possible pour cacher à mes compagnes. Oui, mon Père, c'est ainsi que je gémis, au milieu d'angoisses continues, et sous les assauts répétés de mes ennemis. Ils savent l'absence de mon Bien-Aimé, et ils veulent en profiter pour redoubler leurs efforts et me jeter ensuite à la face mon infidélité envers mon divin Époux. Cependant, mon Père, je ne cesse pas pour cela de le chercher et de l'appeler, mais il ne me répond pas quand même et me laisse ainsi mortellement souffrir. Ah! malheureuse que je suis! mon exil s'est prolongé en l'absence du Bien-Aimé de mon âme.

Comment pourrais-je, mon Père, expliquer ces amertumes et cette désolation d'une âme ainsi abandonnée, en proie à la plus grande tristesse, et en même temps blessée du plus pur amour? Non, je ne saurais, mon Père, les comparer ni aux angoisses mortelles de l'agonie la plus pénible, ni même aux tourments des damnés. Sans un vrai miracle de Dieu, on ne pourrait vivre un quart d'heure au milieu de pareilles souffrances : après avoir été blessée de ce dard aigu, l'âme demeure tout embrasée de ce feu divin; elle en est comme aveuglée, sans pouvoir découvrir nulle part Celui qu'elle aime, et qu'elle désire aimer encore davantage. Il lui semble que toutes les autres créatures jouissent de la douce et amoureuse présence de Celui qu'elle cherche avec tant d'ardeur; elle leur demande en vain son Bien-Aimé, elle le cherche partout, et elle ne le trouve pas; elle l'appelle, et il ne lui répond pas. Ah! comme elles s'accroissent alors les angoisses de cette pauvre âme blessée par l'amour! Il lui semble qu'étant celle qui aime le plus, elle est la seule sur toute la terre qui soit abandonnée de son Époux céleste; elle craint que cette absence de son Bien-Aimé ne soit causée par ses ingrates négligences et ses péchés; elle double et redouble alors ses recherches et ses cris; mais, hélas! tous ses efforts, semble-t-il, sont inutiles. On dirait que la colère du Seigneur s'est appesantie sur elle, la laissant si humiliée qu'elle se croit digne mille fois de l'enfer : et elle gémit sans trêve et elle ne cesse pourtant de chercher encore, avec la foi la plus vive, espérant qu'à la fin sa miséricordieuse bonté écoutera ses soupirs et ses lamentations, car elle sait bien que le Seigneur reste fidèle à l'âme qui l'aime et le craint. Oh! comme son amour s'augmente au souvenir des promesses que son Dieu lui a faites! Rien ne saurait ébranler la confiance, ni troubler la tranquillité de cette âme qui, au milieu de toutes ses peines, vivant d'une mort continuelle, semble, malgré tout, jouir en réalité des plus pures et des plus suaves consolations. Elle s'écrie sans la moindre crainte : Oui, c'est vous qui êtes le Dieu de mon cœur, ma part et mon héritage pour l'éternité! Au milieu de ses afflictions, elle se console par ces paroles : Qu'est-ce donc que j'ai à craindre, si Dieu est mon refuge inviolable? Oui, mon Père, cette heureuse âme, si ferme dans la foi, si constante dans l'espérance, si brûlante de charité, ce n'est pas elle qui vit, c'est Jésus-Christ qui vit en elle.

Pardonnez-moi, mon Père, cette manière de parler, mais je puis discourir de ces choses, en raison de mon expérience certaine. Je pourrais même m'étendre sur plusieurs points; mais je pense, mon Père, que ceci suffira pour vous donner une idée de mon état présent. En tout, d'ailleurs, je soumets mon jugement au vôtre, et mon âme, pleine de reconnaissance, ne cessera de bénir l'Auteur d'aussi miséricordieuses merveilles.

Je vous baise les pieds.

CHAPITRE XIII

BLESSURES DU DIVIN AMOUR

LE TRAVAIL DIVIN PARACHEVÉ — JE BRULE! JE BRULE! — PREMIÈRE BLESSURE D'AMOUR — LE VIATIQUE — LE REMÈDE — JE NE PEUX PLUS VIVRE — DEUXIÈME BLESSURE, DEUXIÈME VIATIQUE — PHILOMÈNE OFFRE SA VIE — DÉPOSITION DU MÉDECIN — LA PROCESSION DE LA SAINT-JEAN — LE RÉGIME D'UNE MALADE — « OH! PAUVRES CLOTURES! » — LES ANXIÉTÉS DU P. NARCISSE.

Proche était l'heure de l'éternelle union de Philomène avec son divin Époux. Dès le mois d'avril 1868, elle écrivait à son confesseur que son pauvre corps, épuisé par la souffrance, ne devait plus être regardé que « comme un cadavre ambulant ». Toutefois, le divin Maître, pour couronner sans doute son noble labeur d'embellissement et pour le parachever, redoublait les coups de son amour, en multipliant contre l'aimée de son Cœur ses absences et ses répulsions apparentes, tandis que ses prédilections activaient de plus en plus l'incendie d'amour qui la dévorait. Son œuvre était bien finie, l'immolation avait atteint les plus intimes fibres de l'être : un corps sans vie, sans autre force que celle de souffrir ; une âme embrasée, qui brûlait d'aimer et ne trouvait aucun repos à aimer. « Mon âme, écrivait Philomène, est torturée par une soif dévorante, et pour la rafraîchir, il ne lui est donné que du fiel. »

Ce fiel de l'épouse crucifiée n'était autre que le délaissement de son Époux. Lui aussi, sur la Croix, avait jeté au ciel cette supplication endolorie : « Mon Dieu, mon Dieu ! pourquoi m'avez-vous abandonné ? »

« Je brûle, je brûle ! » s'écria-t-elle une nuit où la flamme d'amour était plus intense. Sœur Engracia et la Sœur sous-infirmière, tout en comprenant que ce feu n'avait rien de matériel, s'empressèrent de lui apporter une cuvette d'eau fraîche. Philomène y trempa les mains ; sœur Engracia, à la dérobée et par dévotion, but de cette eau : elle était bouillante !

« Ah ! mon Dieu, reprit Philomène, tout à l'heure c'était du feu, et maintenant c'est un incendie ! » Le divin Maître n'avait même pas voulu, pour son épouse, ce minime soulagement.

Sœur Engracia, mieux que ses consœurs, put comprendre, par après, le céleste pourquoi des apparentes duretés de Notre-Seigneur. La Mère correctrice, pour la récompenser sans doute de son dévouement fraternel à la Vénérable, lui donna le bréviaire dont celle-ci s'était servie. Sœur Engracia trouva dans ce bréviaire un billet écrit par Philomène : « Je ne veux pas vivre sans croix, et je sais pourquoi. Durant ma vie, courte ou longue, toujours souffrir et ne pas mourir ! »

Le 10 de ce même mois d'avril, sœur Philomène reçut dans tout son être « *una herida de amor* », blessure d'amour. Cette blessure, pour en expliquer les douleurs et les douceurs, les langueurs et les ravissements, il faudrait au moins avoir entrevu les modes divins de Celui qui sait faire mourir les vivants et vivre les morts. Pour Philomène, depuis cette heure, la vie ne fut plus la vie : elle ne se nourrissait pas, elle ne semblait plus respirer l'air d'ici-bas : son visage apparaissait souvent enflammé, comme si un feu intérieur brûlait en elle. Cet état dura vingt jours. La Supérieure, habituée depuis longtemps à ses souffrances d'un caractère mystérieux, n'y vit qu'une nouvelle forme du labeur divin. Après vingt jours, elle fit appeler le médecin qui, convaincu de la mort imminente, ordonna aussitôt d'administrer les derniers Sacrements. Cette ordonnance fut le remède. Philomène se mourait de l'absence de son Bien-Aimé. Quand on lui annonça qu'Il allait venir, la mourante se ranima :

« Oh, ma Mère, dit-elle à la Supérieure, laissez-moi me lever pour Le recevoir à genoux. »

Cette permission lui fut prudemment refusée. La malade se soumit et prépara son âme à la visite de Celui qu'elle aimait. Le Père confesseur, qui lui porta la Sainte Eucharistie, donne le récit suivant de cette communion que l'on croyait devoir être la dernière :

« Après avoir achevé sa profession de foi, elle se tourna d'abord vers la Mère Supérieure, lui demandant humblement pardon de toutes ses désobéissances, de tous les chagrins qu'elle lui avait causés; puis, s'adressant à ses Sœurs, agenouillées autour de sa couche, elle les pria, elles aussi, de lui pardonner les mauvais exemples et les scandales qu'elle leur avait donnés durant son séjour au milieu d'elles; et, se tournant enfin vers moi, elle me supplia, les yeux pleins de larmes, de l'absoudre de ses infidélités et de ses négligences à mettre en pratique les conseils que je lui avais donnés. Il y avait, dans ces actes d'humilité convaincue, une simplicité si touchante et si vraie, qu'on n'entendait plus que des pleurs et des sanglots : toutes les Sœurs pleuraient, et je pleurais comme elles. Je dus attendre quelque temps avant de pouvoir maîtriser mon émotion, et ce ne fut qu'en faisant beaucoup d'efforts que je pus enfin commencer le *Domine, non sum dignus.*

» Quant aux effets extérieurs de cette communion, nous pûmes tous remarquer que son visage reprit bientôt son teint naturel. Après les prières du rituel, je lui adressai cette demande : « Ma Sœur, vous savez que, d'après le vœu de sainte pauvreté que vous fîtes le jour de votre profession religieuse, vous ne possédez absolument rien en propre, pas même vos vêtements. Comment donc, si vous mourez, ensevelirons-nous votre corps? » Philomène se tourne alors vers sa Supérieure et lui dit : « Révérende Mère Supérieure, moi, petite pauvre de Jésus-Christ, je vous demande par charité et comme une dernière aumône de me laisser un habit pour ensevelir mon corps. » La Mère Supérieure répondit en souriant à travers ses larmes, et la communauté se retira. »

Philomène alors, comme si toute sa vie se concentrait dans l'acte d'union avec la Sainte Eucharistie, s'absorba dans un recueillement si profond qu'elle paraissait inanimée. La Sœur infirmière, après deux heures d'attente, inquiète de n'avoir remarqué aucun mouvement, pas le moindre soupir, s'approcha doucement pour s'assurer qu'elle respirait encore. Plus de respiration. L'âme sûrement était encore dans ce corps virginal, mais la vie de cette âme n'était plus en elle-même : *Vivo autem jam non ego, vivit vero in me Christus.*

Avertie par l'infirmière, la Supérieure accourut auprès de Philomène et, pour s'assurer si elle était vraiment morte, elle lui prit la main en disant : « Ma Sœur, comment vous trouvez-vous ? »

A cette interrogation de l'autorité légitime, le *recueillement* cessa aussitôt. Philomène répondit d'une voix nette et accentuée : « Je ne puis plus vivre sans la compagnie de ma très douce Mère. Je voudrais mourir, pour m'unir dans le ciel à la Sagesse incréée que mon âme cherche, que mon âme désire avec une telle ardeur ! Oh ! que je souffre et que j'aime de souffrir ! » La Supérieure lui ayant dit qu'elle demanderait à Notre-Seigneur d'adoucir cette souffrance, Philomène de répondre aussitôt : « Oh ! non, pas cela, ma Mère : pas cela, mais sa très sainte et adorable volonté. »

Le Pain eucharistique lui avait rendu, avec la voix, une vigueur relative. Dès le lendemain, la mourante de la veille se sentit assez forte pour pouvoir aller au chœur faire la Sainte Communion avec la communauté. Il en fut de même les jours suivants, jusqu'au 5 mai. Ce jour-là, une nouvelle blessure d'amour, aussi soudaine et profonde que la première, ramena en toute hâte dans la cellule de Philomène, le confesseur, la supérieure et le médecin. Ce dernier, croyant, selon les données de la science, que c'était la fin, ordonna encore de l'administrer sans perdre un seul instant.

Le confesseur, quoique d'un avis tout différent, s'en rapporta moins à ses intuitions sacerdotales qu'au verdict médical, et administra à sa pénitente le Viatique et l'Extrême-Onction, en lui appliquant de plus les indulgences de l'Ordre des Minimes. Quand la mourante revint à la vie normale : « Mon Père, dit-elle au confesseur qui priait auprès de son lit, si je reçois un troisième coup, je ne pourrai y résister. Dieu blesse mon âme, au plus intime, de ses traits d'amour : mon cœur est en flammes, il éclate.

— Mais ne pourriez-vous pas, mon enfant, résister à ces coups, tout au moins en modérer l'intensité ?

— Je ne le puis absolument pas. J'ai essayé plusieurs fois de résister, et, à chaque effort pour ne pas abandonner mon cœur, la souffrance devenait plus vive, plus pénétrante. » Le troisième coup devait venir, mais la douce victime avait à l'attendre encore, ou pour mieux dire à l'acheter par de nouvelles souffrances préparatoires.

Le mois de mai passa sans aucun incident particulier. Au commencement de juin, mois dédié au Sacré-Cœur, Philomène demanda à son divin Époux la conversion et le salut final de quelques pécheurs déterminés, offrant en échange à la justice divine, ses souffrances et sa propre vie. Le divin Maître n'agréa point cette demande. Philomène insista, et son désir d'immolation se heurta encore à un refus. Enfin, après une troisième instance, et des appels persévérants à la miséricorde de son Cœur, le divin Maître accepta l'échange que lui proposait sa fidèle épouse : elle souffrirait toutes les tortures qu'Il voudrait pendant quelques semaines encore, et les pécheurs seraient sauvés, et bien d'autres grâces de miséricorde seraient accordées. Philomène, tout en comprenant que ces derniers coups allaient être terribles, fut ravie de joie. « Ma Mère, dit-elle à la Supérieure, je sais maintenant que je mourrai bientôt : Il a accepté le sacrifice de ma vie. »

Pouvait-elle bien appeler *vie* cette existence humainement inexplicable, où l'agonie physique et morale ne cessait que pour préparer de nouvelles souffrances?

« Je devais la visiter souvent, dépose le médecin François de Sojo, et j'étais dérouté par les étrangetés de ses maladies, non moins que par l'anomalie de son état. Aujourd'hui, je la voyais épuisée, finie, mourante, et le lendemain, elle descendait au chœur et prenait sa bonne part des devoirs les plus fatigants. Comme médecin, je n'avais qu'à tenir compte des symptômes physiques, mais je dois dire que, dans ma conviction, ces symptômes, qualifiés par moi de lésion organique du cœur, étaient la conséquence de son état d'âme. »

Moins encore le médecin pouvait-il trouver dans le codex des recettes contre ces souffrances célestes que Dieu lui-même voulait et faisait dans l'être physique et moral de sa Servante immolée. Devant le *mirabiliter me cruciaris* des prédilections divines, la science doit s'arrêter, ou du moins ne point dépasser la simple constatation des effets physiques d'une cause qui est le secret de Dieu.

Au 24 de ce mois de juin, Philomène demanda avec une certaine insistance qu'on la conduisît sur la terrasse du monastère. Elle voulait voir, à travers les jalousies, la procession solennelle qui, ce jour-là, sortait de la paroisse Saint-Jean et parcourait les rues de Valls. On accéda à ce désir. La malade suivit, d'un regard tout joyeux, les pieux méandres de ces fidèles qui acclamaient le Précurseur de Jésus. Elle accepta même, sur cette terrasse, quelque petite friandise que le zèle de la Sœur infirmière avait préparée ; mais, aussitôt, de violentes douleurs d'estomac lui rappelèrent qu'elle devait rester, en cela comme en tout le reste, l'épouse crucifiée. On la reporta dans son lit, et elle fit appeler le confesseur, qui, à son tour, après avoir parlé avec la Vénérable, fit prévenir la Supérieure. Philomène demanda à celle-ci la permission de ne plus prendre les mets un peu mieux préparés qu'on lui servait et de revenir à son abstinence ordinaire. Cette nuit et les jours suivants, un oignon cru et un morceau de pain furent le menu de cette malade. Quand elle pouvait quitter, pour quelques heures, sa cellule de l'infirmerie, Philomène, selon ses anciennes habitudes, substituait à ce régime encore trop délicat, les épluchures des légumes préparés pour la Communauté.

Ce fut encore avant la fin de ce même mois de juin, que Sœur Philomène eut une vue prophétique des épreuves qui devaient, l'année suivante, désoler les monastères d'Espagne.

Les deux infirmières qui étaient de garde auprès de Sœur Philomène, s'unissaient aux oraisons jaculatoires qu'elle récitait fréquemment, ou bien respectaient le silence de son recueillement qui, bien souvent, allait jusqu'à l'extase et ses signes manifestes. Dans une de ces longues extases, le visage de la Vénérable prit soudainement une expression d'épouvante. Les infirmières, à ses demi-mots angoissés, comprirent qu'elle suppliait le divin Maître, qu'elle discutait avec lui. Puis elles l'entendirent proférer un grand cri de douleur et la virent comme s'affaisser en répétant ces mots : « Ah ! pauvres clôtures ! pauvres clôtures ! » La Supérieure, avertie, accourut aussitôt et lui demanda le pourquoi de cette lamentation ; mais Philomène, toujours absorbée dans sa vue prophétique, répétait : « Ah! pauvres couvents, pauvres religieuses! »

La Supérieure reprit, d'un ton plus ému qu'impératif : « Et nous, Sœur Philomène, que nous arrivera-t-il? — Si mes Sœurs sont chassées de cette maison, ce ne sera que pour peu de temps. »

L'année suivante, les révolutionnaires, toujours au nom de la liberté, brisaient les clôtures des monastères et arrachaient violemment de leurs cellules les vierges consacrées. La bourrasque alla jusqu'à Valls. Le 1ᵉʳ octobre 1869, les religieuses Minimes furent chassées de leur couvent; mais, deux jours après, par un concours de circonstances inexplicables, elles purent toutes y rentrer et reprendre leurs saintes observances.

Au commencement de juillet, le travail divin fut moins douloureux. Philomène n'avait plus ses inexplicables angoisses du délaissement divin et des assauts diaboliques. Elle reprit les exercices et même le régime de la communauté. La Supérieure, qui avait imposé d'autorité ce régime plus substantiel, en attendait, pour sa fille privilégiée, sinon la guérison, au moins un mieux relatif. Le résultat fut tout opposé. Au 15 juillet, Sœur Philomène était à bout de forces, et il fallut, pour ne pas la voir succomber d'inanition, l'autoriser à revenir aux épluchures, aux oignons crus, ou même au jeûne absolu.

A cette date, le confesseur, le saint Père Narcisse, fut assailli de scrupules lancinants. « En la voyant, dit-il, si épuisée, je pensai que les permissions données par moi pour tant de jeûnes, tant de veilles et de mortifications, avaient été peut-être la cause principale de sa faiblesse et, partant, de la mort prématurée qui allait nous l'enlever, et je me reprochai mon excessive condescendance. Or, Philomène à qui je n'avais pas dit le moindre mot de cette anxiété, me dit un jour, comme si elle avait lu à livre ouvert dans mon âme : « N'ayez aucune crainte, mon Père, vous avez fait ce que vous deviez faire. C'est moi, et moi seule, qui suis responsable, non pas des pénitences que j'ai faites, mais de celles que j'ai omises ou de celles que j'ai mal faites. »

CHAPITRE XIV

LA SAINTE MORT

LA NEUVAINE D'ADORATIONS — GUÉRISON DEMANDÉE ET NON OBTENUE — L'ACTE D'HUMILIATION — TROISIÈME VIATIQUE — TROISIÈME ET DERNIÈRE BLESSURE — LES ADIEUX — LETTRE DE PHILOMÈNE MOURANTE — L'AUBE DU 13 AOUT 1868 — LE DERNIER SOUPIR.

La révélation que nous venons de relater fut sans doute pour le confesseur un encouragement à de nouvelles condescendances. Sœur Philomène obtint, après le 15 juillet, de faire, malgré son extrême faiblesse, une neuvaine d'adorations, c'est-à-dire que, chaque nuit, elle allait au chœur et y restait durant trois heures devant le Saint-Sacrement. Sœur Rose de Saint-Narcisse, dont l'admirable dévouement était toujours prêt, accompagnait la chère malade : « Comment pouvez-vous, demanda-t-elle à Philomène, passer ainsi trois heures en adoration, dans votre état de santé et au milieu de souffrances si aiguës? — Ne croyez pas que je souffre pendant ces trois heures. Ce *moment* est le seul où j'ai un peu de repos. »

Les étrangetés mêmes et les péripéties de la maladie firent entrevoir aux Supérieurs, non pas la provenance divine de ces souffrances, dont ils étaient déjà pleinement persuadés, mais la probabilité d'une grâce de guérison, si Philomène la demandait. Par obéissance, la Vénérable exposa à Notre-Seigneur le désir de ses Supérieurs, et le divin Maître qui avait pourtant accepté, comme nous l'avons vu, le sacrifice de sa vie, agréa la demande, mais aux conditions suivantes : on commencerait une neuvaine en l'honneur de l'Immaculée-Conception de Marie, après avoir fait appel à Pie IX qui avait proclamé ce dogme, et on lui écrirait pour lui demander de prier en vue de cette guérison. Les Supérieurs acceptèrent de faire la neuvaine, mais ne jugèrent pas à propos d'écrire à Pie IX. La neuvaine n'eut donc d'autres résultats que ceux inscrits dans le livre de vie. La maladie suivit, non pas son cours, mais ses anomalies; jusqu'au 28 juillet. A ce jour, Philomène, après une vue très nette de ce qu'elle appelait ses péchés d'orgueil, demanda et obtint de faire un acte d'humilité. Aidée des gardes-malades, elle s'agenouilla auprès de son lit et puis s'étendit sur le pavé, les bras en croix, les lèvres contre le sol, et elle persista dans cette posture mortelle, anéantie, durant toute la matinée et jusqu'après trois heures de l'après-midi. La Supérieure qui, sur la demande et après les confidences de Philomène, avait permis cette mortification, résista jusqu'alors aux inspirations de sa tendresse maternelle ; mais, à trois heures, son cœur n'y tenant plus, elle ordonna à Philomène de retourner sur sa couche. La servante de Dieu obéit aussitôt : mais, à peine remise au lit, elle s'affaissa complètement. Son visage devint d'une pâleur livide, la sueur froide de l'agonie, et surtout les violents battements du cœur qui semblaient vouloir briser la poitrine, alarmèrent la Supérieure qui appela aussitôt le confesseur et le médecin. Tout déjà, dans ce corps virginal, paraissait mort, sauf le cœur dont les battements se précipitaient de plus en plus. La communauté se réunit pour la troisième fois dans cette chambre d'infirmerie. A l'approche du confesseur qui lui apportait la Sainte Eucharistie, la mourante se ranima ; mais, comme à sa première Communion, ce dernier viatique provoqua une défaillance d'amour qui cessa quand le Père confesseur administra l'Extrême-Onction. On commença les prières de la recommandation de l'âme, durant lesquelles Sœur Philomène, jusqu'alors sans mouvement, se redressa en sursaut sur sa couche et s'affaissa derechef dans les bras de sa Supérieure, avec cette expression d'indicible douleur et d'ineffable joie qui avaient déjà caractérisé les deux premières blessures d'amour. Sur l'ordre du confesseur qui voulait s'assurer si elle était vraiment morte, Philomène se redressa ou plutôt s'assit sur sa couche, et, ne pouvant plus parler, elle fit signe à sa Supérieure de s'approcher. Celle-ci se rendant aussitôt à ce désir, Philomène lui prit les mains et les baisa avec la plus affectueuse vénération, en levant les yeux au ciel. Les Sœurs vinrent, à tour de rôle, prendre congé de la mourante, qui, à chacune, souriait doucement et serrait la main.

« Et le Père confesseur, dit une bonne Sœur converse, probablement la très pieuse et très simple Sœur Rose de Saint-Narcisse, vous ne voulez pas aussi lui dire adieu et lui serrer la main ? » Au lieu de tendre les mains, Sœur Philomène les joignit sur son cœur, et après avoir regardé, avec une expression céleste, le

P. Narcisse, elle inclina la tête à deux reprises comme si elle demandait la bénédiction du prêtre de Dieu.

Puis, couvrant d'un long regard de tendresse tous les assistants, elle leur montra les cieux en murmurant : « Au ciel, au ciel ! »

Une Sœur lui présenta alors une image de saint François de Paule, et une gravure de l'Addolorata qu'elle baisa en souriant. L'heure de Complies sonna en ce moment et la communauté s'étant rendue au chœur, Philomène suivait, d'un mouvement à peine perceptible des lèvres, cette psalmodie alternée.

Elle avait annoncé qu'elle ne supporterait pas une troisième blessure de l'amour de Dieu. Celle-ci, en effet, fut la dernière : mais la mort, au lieu d'être foudroyante, se fit attendre encore pendant une longue quinzaine.

Le 3 août, Philomène eut assez de force pour écrire, « d'une main tremblante et mourante », une assez longue lettre. Elle était adressée au curé de sa ville natale D. Mathieu Auxachs, qui avait eu quelque correspondance avec la Vénérable pour la fondation projetée d'un couvent de religieuses Minimes à Mora de Ebro.

Voici cette lettre (1) :

J. M. J.

Glorifiés soient Jésus notre Amour et Marie notre espérance.

« Vénéré Monsieur le Prieur,

» Voilà bientôt un an que j'ai été placée, comme victime, sur l'autel du sacrifice. Le Seigneur n'ayant pas

---

(1) Nous la traduisons sur le texte castillan qui nous a été communiqué, en copie authentique, par la bienveillance de la B. M. Emanuela, sœur de la

voulu que je fusse sacrifiée d'un seul coup, mais plutôt par de lentes ardeurs et par d'autres péripéties douloureuses qui ont accompagné ma maladie, la victime s'est allée consumant entre les coups de l'amour et de la douleur : et je me vois, mon Père, en tel état que les murs de cette prison corporelle sont, ce me semble, bien ébranlés ou plutôt renversés : et mon âme, la pauvrette, éprouve liesse enfin parce que, confiante en la miséricorde de Dieu, elle se voit si proche du terme de son pèlerinage : c'est là, en effet, ce après quoi jour et nuit elle soupire, de pouvoir jouir de Dieu, ma part et mon éternel héritage. Oh! qu'il me sera doux l'instant où, me sentant libre enfin des liens du corps, mon âme s'unira intimement à son Créateur : union que j'attends, que j'espère obtenir, Monsieur le Prieur, non certes en raison de quelque mérite de ma part, puisque je suis remplie de démérites et de péchés (1), mais parce que je suis aussi remplie d'espérance en l'infinie miséricorde de Dieu. Ne m'oubliez pas dans vos prières, et demandez à l'Immaculée Vierge, ma très douce Mère, qu'elle soit mon refuge à l'heure de ma mort.

» Quant à la fondation, on peut bien me demander ce qu'il en sera, si je viens à mourir (2) : à quoi je réponds que, sur cette affaire, je jouis d'une pleine tranquillité, sachant que le Tout-Puissant, Lui, reste pour tout ; ma mort peut bien retarder l'œuvre, ou même l'arrêter,

---

Vénérable. — La traduction italienne, insérée au Sommaire du Procès (p. 270) malgré son exactitude de mot à mot, contient des variantes que nous signalons ci-dessous.

(1) Le texte italien ajoute « *specialmente se affettuosi* » : surtout s'ils ont été des péchés d'affection, c'est-à-dire, dans ce cas, de volonté.

(2) Le texte italien semble dire ici : « puisqu'elle arrivera après ma mort. »

mais non pas empêcher que telle soit la volonté de Dieu (1); et pour moi, la mort seule me la fera oublier; mais, pour éprouver quelque peine de ne pouvoir l'effectuer moi-même, je vous dis en vérité que je n'en éprouve aucune, mon cœur ne s'étant jamais ouvert à aucun désir de chose semblable (*c'est-à-dire à aucun désir de faire elle-même cette fondation*), mais plutôt je demandais que le Seigneur m'en délivrât, quoique j'aie fait connaître que c'était précisément cela que j'avais promis à Dieu avec tant de peine et de serrement de cœur. Je voudrais être plus explicite, Monsieur le Prieur, mais cela ne m'est pas possible, je me sens excessivement oppressée et comme agonisante; mes mains tremblantes et mourantes font grand effort pour tracer ces lignes irrégulières. Je désirerais, Monsieur le Prieur, que vous me fissiez la charité de faire connaître mon état à M. Josefa de Vallobar à qui je voudrais écrire, si cela ne m'était impossible, pour le prier de me recommander à saint Joseph, afin qu'il m'assiste à l'heure de ma mort.

» Sans autre, agréez, Monsieur le Prieur, mille affections de cette sainte communauté, en particulier de la Révérende Mère correctrice et de votre humble

» Sr PHILOMÈNE DE SAINTE-COLOMBE,
» *Minime déchaussée, par la miséricorde de Dieu.* »

Les jours suivants, jusqu'à l'aube du 13, cette lente agonie se poursuivit, sans amener au moins visiblement des souffrances plus marquées. Parfois même, la mourante semblait se reposer en une douce paix, et répon-

---

(1) Le traducteur italien lit : « O paralizzavla, ma non distrarla, essendo questa la volontà di Dio. »

dait ou plutôt murmurait quelques mots de réponse souriante à ses infirmières. Sœur Rose lui dit, d'un ton moitié badin, moitié compatissant, qu'elle souffrait dans tout le corps, dans chacun de ses membres, sauf le nez. « Eh! bonne Rose du Seigneur, même le nez souffre, et beaucoup! »

Le 13 au matin, après avoir célébré la Sainte Messe, le confesseur retourna auprès d'elle vers les 6 heures, et réitéra les prières de la recommandation. Devant cette âme dont il connaissait les hautes vertus et les incomparables mérites, combien devaient être belles et touchantes ces prières de la sainte Liturgie! Comme il devait battre, ce cœur de vrai prêtre, en entr'ouvrant les cieux, en appelant à la rencontre de cette âme, qui allait partir, les Ordres angéliques, l'auguste sénat des apôtres, l'armée triomphante des radieux martyrs, les brillantes phalanges des confesseurs ornés de lis, le chœur joyeux des vierges, et surtout en lui annonçant l'accueil de tendresse et de fête du Christ Jésus : *Mitis atque festivus Christi Jesu tibi aspectus appareat!*

A 7 heures, sans secousse, sans le moindre effort, un imperceptible soupir annonça au confesseur et à la communauté que l'Épouse crucifiée était devenue l'Épouse glorifiée. Sœur Philomène avait, à ce jour, 27 ans, quatre mois et dix jours de vie terrestre, et huit ans de profession religieuse.

CHAPITRE XV

APRÈS LA MORT

SŒUR ROSE CHARGÉE DE L'ENSEVELISSEMENT — LES FUNÉ-
RAILLES — LE CAVEAU COMMUN — PREMIÈRE TRANSLA-
TION — DEUXIÈME TRANSLATION — TROISIÈME TRANS-
LATION — SŒUR EMANUELA — RECONNAISSANCE JURI-
DIQUE DU CORPS DE PHILOMÈNE — RAPPORT DES MÉDE-
CINS — EXAMEN DES INSTRUMENTS DE PÉNITENCE.

Dans les derniers temps de sa vie, la vénérable Philomène avait recommandé à la bonne Sœur Rose de s'occuper elle-même de son ensevelissement. Ce fut, en effet, cette sainte converse qui rendit les derniers devoirs à la dépouille virginale de son amie.

Le lendemain de la mort, les funérailles furent célébrées dans l'église des religieuses Minimes, avec le concours de tout le clergé des paroisses, et d'un grand nombre de prêtres, réguliers ou séculiers, qui voulurent dire la messe dans l'église du couvent, moins sans doute pour offrir des suffrages en faveur de cette âme bénie que pour se recommander à sa protection.

Parmi les assistants, le père et le frère aîné de Philomène pouvaient entendre les louanges et voir les témoignages de vénération de tout le peuple de Valls et des environs envers la *Sainte*.

Après l'absoute, les religieuses, selon leurs usages d'alors, déposèrent dans le caveau de la communauté le cadavre tel quel, c'est-à-dire sans cercueil, et firent murer le caveau, comme cela se pratiquait après chaque inhumation.

Quatorze mois après, devant les faits merveilleux qui, exagérés ou exacts, attiraient dans cette église une foule de pieux pèlerins, la communauté jugea nécessaire de retirer du caveau commun, le corps de Sœur Philomène et de le déposer, avec un cercueil de bois blanc, dans un nouveau caveau ou plutôt un *loculus* pratiqué, à cette fin, sur une des parois latérales d'une petite salle attenante au bas chœur.

La surprise des religieuses fut égale à leur joie lorsque, le briquetage enlevé, elles revirent le corps de leur chère défunte : c'étaient bien les traits, le teint, la fraîcheur de Philomène dans ses jours de santé; seul un pied semblait disloqué, et l'habit, en contact avec l'humidité du caveau, était tout moisi et rongé : ce qui donna l'idée de garder, comme reliques, cet habit de l'ensevelissement et d'improviser à la hâte une sorte de grande cuculle avant de déposer le corps dans le nouveau cercueil.

Durant la bourrasque de février 1873, les Sœurs, craignant que le précieux dépôt, en raison même du lieu qu'il occupait, ne fût exposé à quelque profanation de la part des révolutionnaires, résolurent de le reporter, mais toujours dans la bière, au caveau commun. Six mois après, la vénération s'étendant de plus en plus, et peut-être aussi par crainte trop humaine de l'humidité de ce caveau, on procéda à une nouvelle translation.

La bière reposait sur deux gros ais qui, au premier heurt, tombèrent en morceaux putréfiés : mais, la bière, en simples planches de bois blanc, était intacte. A peine l'eut-on ouverte, en présence de toute la communauté, du confesseur et de plusieurs autres témoins, que le corps apparut, intègre, blanc, comme celui d'une personne endormie. Une jeune religieuse se précipite : c'était sœur Emanuela du Saint-Cœur, sœur de Philomène. Son affection fraternelle, exaltée sans doute par l'évidence du prodige, aurait voulu tendrement baiser ce front qui semblait rayonner, mais la Supérieure ne permit, à elle comme aux autres Sœurs, que de baiser avec vénération la main blanche et flexible qui émergeait sur la poitrine, et de faire toucher à ce corps quelques images et quelques objets de piété.

On avait préparé un cercueil neuf en plomb. Les Sœurs voulaient tout d'abord prendre elles-mêmes, dans la bière de bois et transporter dans celle de plomb, le corps vénéré; mais la Supérieure et les témoins, redoutant leur inexpérience et plus encore leur émotion, confièrent cette translocation au charpentier du couvent et à ses aides qui avaient ouvert la bière.

Pour éviter toute secousse, ces braves ouvriers eurent la pensée de rapprocher les deux cercueils, et d'enlever, à l'un et à l'autre, la cloison latérale pour qu'il n'y eut qu'à faire doucement glisser le corps de la bière dans le cercueil. Au moment où ils se baissaient pour pousser le corps, l'un du côté de la tête, l'autre vers la taille et le troisième aux pieds, à ce moment même, le corps fut en place dans le cercueil de plomb! Aucun effort des ouvriers, aucun mouvement visible du corps lui-même:

une main plus habile que celle des hommes avait, en un instant, opéré cette translation! Après les exclamations de joie et de vénération devant ce nouveau prodige, le cercueil fut soudé, enfermé dans une autre bière neuve de noyer munie de deux serrures, et déposé, pour la seconde fois, dans le loculus du bas chœur (1). Il devait en être retiré encore à brève échéance.

En septembre 1880, sur la demande du R. P. Augustin Donadio, religieux Minime, Postulateur de la cause de Béatification, l'archevêque de Tarragone, Mgr Benoit Villamitjana y Vila, juge des Procès, nomma une Commission pour procéder d'office à la reconnaissance juridique du corps de la Servante de Dieu. Le 30 novembre, ce tribunal, composé de médecins, de notaires, de témoins attitrés et de dames, s'acquitta de son mandat, sous la présidence de l'archevêque lui-même et en présence de toute la communauté. Après la constatation de l'identité du corps (2), le Tribunal écarta tous les témoins non juridiques et procéda à la vérification de son état de conservation. Le rapport des médecins établit que « l'aspect d'ensemble, à première vue, était celui d'une religieuse Minime, morte, non pas depuis des années, mais depuis quelques mois à peine. Le visage d'un teint blanc un peu cendré résistait au toucher; la peau attachée aux os; le front uni avec quelques petites plaies

---

(1) D'après la déposition de l'ouvrier plombeur devant les juges des Procès apostoliques, cette *réposition* miraculeuse du saint corps aurait eu lieu le 5 mars 1878; mais le Postulateur de la cause, dans sa traduction de l'ouvrage du P. Dalmau, la fixe au 5 mars 1879.

(2) Pour cette constatation, le Tribunal avait, outre les preuves surabondantes de fait et de droit, une démonstration péremptoire : S. Emanuela qui, à côté du cercueil ouvert, était le portrait vivant de sa sœur morte.

qui paraissaient de fraîche date, çà et là, sur l'os frontal. Les yeux fermés et un peu enfoncés ; les cils dans un état naturel ; le nez bien conservé sauf la narine gauche qui était un peu déprimée, la bouche entr'ouverte laissant voir quelques dents, les lèvres parfaitement naturelles comme tout le reste du visage ». Les médecins concluaient leur long rapport en exprimant particulièrement leur admiration pour « l'état de conservation du visage et du crâne qui aurait dû tout d'abord entrer en putréfaction, en raison des plaies faites par la couronne d'épines que Philomène portait sous sa coiffure, et dont les déchirures sanglantes et fraîches étaient très visibles ».

Le Tribunal et les témoins examinèrent ensuite les divers instruments de pénitence de la Vénérable ; la couronne d'épines garnie d'aiguilles, la chaîne de fer avec le pesant tronc de bois qu'elle portait sur ses épaules en faisant le Chemin de la Croix, des cilices, des disciplines, et surtout une espèce de justaucorps en lamelles de joncs effilés qu'elle cachait sous sa tunique intérieure et qui devait la faire horriblement souffrir.

Ces examens terminés, Mgr Villamitjana fit refermer le cercueil et apposer sur chaque serrure le sceau archiépiscopal.

CHAPITRE XVI

GLOIRE POSTHUME

LA FOI POPULAIRE — SŒUR VÉRONIQUE ET SŒUR MARIE DU SALUT — ÉTRANGE REMÈDE ET GUÉRISON INSTANTANÉE — CONVICTION FORCÉE DU MÉDECIN — MARIA MACIP ET SON POIGNET COUPÉ — AMPUTATION NÉCESSAIRE ET GUÉRISON SOUDAINE — GRACE PRODIGIEUSE DE CONVERSION — COMBAT ET VICTOIRE DE LA CONVERTIE.

L'Église seule peut, authentiquement, mettre sur un front humain, l'auréole de la béatitude ou le nimbe d'or de la sainteté : mais la foi populaire, avec ses élans spontanés, devance bien souvent et quelquefois prépare son verdict infaillible.

Il en fut ainsi pour Sœur Philomène. La vénération qui se produisit après sa mort, loin de s'épuiser d'elle-même, comme les enthousiasmes irréfléchis, alla grandissant, propagée et justifiée par la reconnaissance de ceux qui attribuaient à son intercession, des grâces extraordinaires ou des miracles, à leurs yeux, très avérés.

De la longue nomenclature que donnent les procès, nous transcrivons seulement les dépositions suivantes des miraculées, dépositions plus explicites et plus vivantes, qui reproduisent, avec une touchante naïveté, la vraie physionomie des faits.

C'est d'abord Sœur Véronique, religieuse professe des Franciscaines de la stricte observance, dites Capucines, qui raconte, en ces termes, sa guérison miraculeuse :

« En 1871, deux ans après que notre communauté, pour fuir les troubles de la révolution, s'était transportée de Barcelone à Mataro, une douleur dont je souffrais au côté, depuis bien des années, s'était aggravée avec complication de fièvres violentes et finalement de prostration complète : ce qui, à plusieurs reprises, m'avait obligée à garder le lit pendant trois ou quatre mois consécutifs.

» Plus tard, une enflure générale, causée soit par les remèdes, soit par la volonté de Dieu, soit aussi par l'affaiblissement des forces de la nature, provoqua des étouffements continuels et enfin, une aphonie qui paraissait incurable. J'étais si épuisée que je pouvais à grand peine sortir du lit, et je ne m'alimentais qu'avec du lait, car mon estomac refusait toute nourriture, même le meilleur bouillon.

» Le Dr Joseph Viladevall qui me visitait et qui qualifiait ma maladie principale de phtisie avancée, avait assez nettement exprimé son avis, à savoir que ma mort était proche. Je n'eus aucune peine à me résigner à mourir, et je puis même dire que je le désirais quelque peu. Or, il advint que ma sœur, R. M. Marie du Salut, religieuse Minime du couvent de Barcelone, apprenant la gravité de mon état, m'écrivit pour m'exhorter à invoquer la servante de Dieu, Philomène de Sainte-Colombe, elle aussi religieuse Minime du couvent de Valls (1).

(1) Avant d'écrire et après avoir écrit ladite lettre, Sœur Marie du Salut recourut, elle aussi, à l'intercession de Sœur Philomène, en qui elle avait confiance, sans avoir d'ailleurs entendu jusque-là parler de miracles de guérison

» Elle avait joint à sa lettre un morceau de bois, de la croix, je suppose, de Sœur Philomène (1), avec neuf minces billets contenant chacun une invocation à la servante de Dieu. Je devais en brûler un chaque jour et prendre les cendres dans un peu d'eau.

» La Sœur Claire Marti, religieuse de notre communauté devait en faire autant. Elle s'en allait mourant d'un cancer au sein, et, de fait, elle mourut bientôt après.

» Nous avions, l'une et l'autre, un médiocre attrait, soit pour ce remède bizarre, soit pour ce recours à Sœur Philomène ; et cela parce que, d'abord, nous étions bien résignées à mourir, et, en second lieu, notre Mère Abbesse goûtait fort peu le conseil qui nous était donné. De plus, Sœur Claire avait supplié Dieu de lui envoyer une infirmité ou un mal qui l'empêchât d'être élue Abbesse ; elle avait été exaucée.

» Pour moi, j'en parlai au confesseur, le P. Raimond Bernardet, Dominicain, qui me gronda d'importance pour mon peu de foi et me commanda de suivre le conseil de ma sœur. La Mère Abbesse y consentit. Alors, le 22 novembre — il y a donc maintenant quatorze ans révolus, — je me décidai à prendre ces billets. Je voulus le faire en secret. Personne ne le savait, sauf le confesseur, la Mère Abbesse, Sœur Marie-Joseph Ventura, maintenant malade, et l'autre religieuse qui souffrait du cancer et avec qui nous étions d'entente pour commen-

---

opérés par elle. « Je la priai avec ferveur et je lui dis : Chère Sœur Philomène, nous allons voir si tu me feras faire petite figure : on sait que je t'ai invoquée, et si tu ne m'exauces pas, ce sera la courte honte pour les deux, c'est-à-dire pour toi et pour moi. » (Déposition de Sœur Marie du Salut : Procès, p. 36.)

(1) Plutôt un morceau des joncs du justaucorps. (Déposition de Sœur Marie du Salut.)

cer le même jour. Il faut vous dire que je m'étais préparée, en recevant ce jour-là les sacrements de Pénitence et d'Eucharistie. La nuit venue, j'essayai de descendre du lit pour faire un peu de prière, avant de boire l'eau.

» Je me mis à genoux, ou plutôt je m'affaissai, et je fis au Seigneur ces trois protestations : Que, si telle était sa volonté, j'étais prête à mourir, et que même je le désirais ; que, si telle était sa volonté, j'acceptais de ne pas mourir et de souffrir jusqu'au jour du jugement ; que, si telle était sa volonté, il me rendît la santé pour m'adonner à une vie nouvelle plus conforme à ma profession religieuse. Puis, je récitai trois *Je crois en Dieu* en l'honneur de la Très Sainte Trinité, et trois *Je vous salue Marie* à l'Immaculée Conception, par l'intermédiaire de Sœur Philomène, pour l'âme de laquelle je dis un *De Profundis*, ne croyant pas pouvoir l'invoquer comme une sainte.

» Cela fait, je me remis au lit, je brûlai un des petits billets, et je fis tomber la cendre dans le verre d'eau. Il me semble que, pour mélanger le tout, je me servis de ce morceau de bois dont j'ai parlé tout à l'heure. L'eau à peine bue, j'essayai de dormir, et je dormis, en effet, et non sans besoin, car, depuis longtemps, je ne pouvais fermer l'œil, ni même m'appuyer sur le côté gauche. Vers minuit, une Sœur converse vint et me réveilla pour me faire prendre, comme à l'ordinaire, quelques gouttes de lait. Je bus en effet, et je me rendormis, mais, cette fois, sur le côté gauche. Un peu avant quatre heures, je me réveillai de moi-même, et quelle ne fut pas ma surprise en constatant que je me sentais bien, que je n'avais plus d'oppression, plus de douleur au côté, que je faisais sans peine tous les mouvements. Il me semblait même que ma voix était revenue. J'aurais voulu m'en assurer aussitôt en criant à pleine voix; mais, craignant de révolutionner par là toute la communauté, j'attendis avec une anxiété fébrile qu'on eût commencé Prime au chœur : Alors, je criai fort, bien fort : Jésus! Jésus! et je me convainquis que j'avais recouvré la voix. En ce moment entra l'infirmière, Sœur Emerentia, qui, ne sachant rien de rien et m'entendant parler, me fit tout raconter et aurait crié miracle, si je n'avais coupé court à ses exclamations, pour ne pas déranger la communauté. »

Sœur Véronique expose ensuite, avec la même minutie de détails pris au vif, les étonnements des Sœurs, de la Mère Abbesse, comme les efforts qu'elle dut faire pour obtenir, en preuve du retour de ses forces, une tasse de chocolat et puis le dîner de la communauté, et enfin la permission de reprendre toutes les observances régulières.

Le confesseur, rencontrant le surlendemain le Dr Viladevall :

« Que pensez-vous, docteur, de Sœur Véronique? lui demanda-t-il. — Finie : plus d'espoir : c'est une question de jours, et de peu de jours. — Et si je vous disais, moi, qu'elle va bien, qu'elle est complètement guérie? — Je répondrais que ce n'est pas possible. — Pas possible, soit : mais cela est. Vous n'avez qu'à aller vous en assurer de vos propres yeux. »

Le docteur y alla, en effet, deux jours après. « Quand on m'appela au parloir, ajoute Sœur Véronique, avec sa bonhomie simplette, j'étais en train de porter au lavoir un lourd panier de linge. Je me rajustai un tantinet pour me présenter convenablement, et je trouvai au parloir la Mère Abbesse et le médecin. Celui-ci me regarda bien, me fit une foule de questions, et dit que, du pouls, de l'aspect et d'autres observations que je ne compris pas, il était évident qu'il n'y avait plus trace de maladie et qu'il me trouvait bien guérie et en bonne santé. »

Elle avait aussi bonne santé, Maria Macip, jeune fille de 17 ans; mais, comme Sœur Véronique, quoique pour un autre mal, elle avait vu la mort de bien près.

« J'avais alors treize ans, dit-elle au Tribunal : la vigile de saint Jean, la servante de la maison qui lavait des carafes ayant dû quitter pour un moment sa besogne, je voulus essayer de la remplacer. Ma maladresse fut telle qu'en prenant la carafe, je la heurtai violemment sans doute, car elle se brisa, et un éclat de verre pénétra profondément dans les chairs, un peu au-dessus du poignet, là même où vous voyez encore cette large cicatrice.

» D'après ce que dirent plus tard les médecins, cet éclat de verre avait rompu une artère et plusieurs veines. De fait, l'hémorragie fut si abondante, qu'il fallut, après avoir vainement essayé de l'arrêter, recourir au chirurgien. Celui-ci, du nom de Pierre Dimas, pansa la plaie et me mit un bandage tout le long de l'avant-bras. Après deux jours, croyant que la plaie se refermerait bien vite, le chirurgien cessa ses visites et n'imposa d'autre traitement qu'une compresse de cérat. Je cessai même de porter le bras en écharpe. Mais, le jour de la Saint-Pierre, je fus prise de violentes douleurs : le bras et la main, en quelques heures, enflèrent dans de telles proportions, qu'on appela le médecin de la famille, Dr Jean Rossel, et le chirurgien qui m'avait soigné. Ces Messieurs, en voyant mon bras en un tel état, s'adjoignirent le Dr Rodons, et décidèrent, après plusieurs consultations et essais, qu'il fallait faire l'amputation, seul moyen, disaient-ils, de me sauver de la mort et d'une mort terrible. Mes parents s'y opposèrent, parce qu'ils étaient convaincus que l'amputation, en raison de l'acuité du mal, hâterait ma mort.

» On voulut alors me faire recevoir les derniers Sacrements ; et je me confessai, en effet, à un prêtre de notre paroisse, D. Raymond Fabregas. On alla ensuite préparer le saint viatique ; mais, entre temps, une dame amie de la famille, qui était en grandes relations avec le couvent des Minimes, vint à la maison et voulut, du consentement de ma mère, m'appliquer une relique de Sœur Philomène de Sainte-Colombe. Elle mit donc sur mon bras, mais sans enlever les bandages, une parcelle de l'habit et une écharde de ce tronc de bois dont se servait Philomène, en me recommandant de bien invoquer la servante de Dieu, ce que je fis, en effet. Or, soudainement, je me sentis guérie ; le bras et la main se dégonflèrent, en même temps que la plaie rejetait une quantité de matières purulentes. »

La déposition de l'enfant est complétée par celle de sa mère, dont l'anxiété avait retenu les moindres détails de cette guérison miraculeuse. « La bonne dame, dit-elle, fixa la relique au bras malade, et nous exhorta à implorer en toute confiance la Servante de Dieu. J'avais confiance, en effet, mais ma fille eut aussitôt l'assurance qu'elle allait guérir. De fait, la relique à peine appliquée, l'enfant, auparavant agitée et angoissée, se calma aussitôt et me dit qu'elle ne souffrait plus, qu'elle voulait dormir. Nous nous retirâmes, et je promis alors de faire célébrer une messe en l'honneur de Sœur Philomène. Au bout d'un quart d'heure, son père, qui ne pouvait maîtriser son anxiété, retourne auprès de l'enfant et m'appelle avec des cris de joie : « Vois, vois : le bras est dégonflé l'enfant est guérie; c'est un miracle! »

» De fait, ce pauvre bras avait recouvré son état naturel et sa flexibilité. Le médecin et le chirurgien revinrent vers les neuf heures, pour nous décider à l'amputation. A la vue de ce bras, ils furent unanimement d'avis qu'un grand miracle venait de s'accomplir, et il ne fut plus question ni d'amputation, ni de viatique. »

Le *Promoteur de la Foi* ne laisserait certainement pas passer sous la rubrique de miracles, une grâce de conversion signalée au Procès et plus longuement racontée dans l'excellent travail du P. Donadio. Les faits de l'âme, pour merveilleux qu'ils soient, restent en dehors de ces examens, où la sage prudence de l'Église et son inexorable sévérité requièrent la constatation la plus complète du fait concret, dans son entité substantielle et dans ses moindres détails. Toutefois, les miracles de l'ordre moral n'en sont pas moins, pour notre foi, une preuve de la sainteté de ceux par qui nous les obtenons.

A Tarragone, vivait une jeune fille dont la beauté avait été, pour elle d'abord, et pour d'autres ensuite, l'occasion de la chute et puis de l'inconduite habituelle. En 1871, ses relations avec plusieurs jeunes gens, et particulièrement avec l'un d'eux, d'un caractère violent et querelleur, étaient de notoriété publique.

Le 18 mars, veille de la fête de saint Joseph, elle fit une visite de circonstance chez une famille de sa connaissance. On vint à parler de la Sœur Philomène et des miracles qu'on attribuait à son intercession. La pauvre dévoyée fut d'abord assez surprise de l'intérêt qu'elle trouvait à cette conversation, puis de l'émotion profonde qui l'envahissait, et enfin, de l'avidité qui la poussait à se faire redire, dans les moindres détails, les actions de Philomène et les grâces merveilleuses obtenues par elle.

A quatre heures de l'après-midi, elle prit congé de cette famille; mais, au lieu de continuer ses visites, elle rentra chez elle, poursuivie, obsédée par la pensée très nette qu'elle devait changer de vie. Une force impérieuse la fait tomber à genoux et met sur ses lèvres, ou plutôt dans son cœur, cette supplication : « Oh ! Sœur Philomène, et vous saint Joseph, faites-moi connaître combien est abominable la vie que je mène. Venez à mon secours et aidez-moi à faire ce que Dieu veut. »

Aussitôt, comme si un voile se déchirait devant l'œil de son âme, elle voit toutes les hontes de sa vie, et elle conçoit une telle douleur d'avoir si gravement offensé Dieu, qu'elle passa la soirée et la nuit à pleurer et à prier.

De grand matin, jour de la fête de saint Joseph, elle courut à une église, et par une excellente confession, retrouva le pardon et la paix. Fortifiée et renouvelée par les Sacrements, cette âme, hier encore livrée au péché, s'ouvre aux aspirations les plus généreuses. Le mot de Sœur Philomène : « Coûte que coûte, je veux devenir sainte », ce mot devient la règle et l'unique but de la vie nouvelle qui s'ouvrait devant elle.

Dans la soirée de ce même jour, seule dans ses appartements, elle entendit frapper à sa porte. C'était le principal complice de ses désordres passés.

« Je n'ouvre pas, répondit-elle : vous pouvez aller; je ne suis plus celle que vous pensez.

— Que sont toutes ces pruderies? cria brutalement le malheureux ; es-tu devenue folle?

— Folle, je l'étais ; mais je veux devenir sage, et vous feriez bien d'en faire autant. »

Les instances, les menaces du jeune homme furent vaines, et il dut se retirer. La nouvelle convertie, après avoir sans doute remercié Dieu de cette première victoire, allait se mettre au lit, lorsque, soudain, la chambre s'ouvre brusquement. Le jeune homme, revenu avec de fausses clés, avait ouvert de lui-même la porte d'entrée.

Il la saisit par les cheveux, la renverse et la frappe, du talon de sa botte, sur la gorge, dans les flancs et enfin au visage. La victime, intérieurement, acceptait ces violences et la mort même en expiation de son passé. La croyant domptée, l'énergumène la laisse se relever :

« De gré ou de force, tu seras à moi comme par le passé.

— Oh! cela, jamais, réplique la vaillante fille en saisissant un couteau-poignard qu'elle trouva sous la main; plutôt que de commettre un nouveau péché, je me passerai cette lame à travers le cœur.

— Tu n'en auras pas la peine, reprend le misérable au paroxysme de la fureur. » Il lui arrache le couteau, la saisit violemment par sa chevelure, et lève le bras pour frapper sa victime en pleine poitrine.....

« Au secours, saint Joseph: au secours, Sœur Philomène! »

A cet appel de foi vibrante et de terreur, l'assassin est comme foudroyé; son bras retombe, inerte, et lâche le couteau..... Puis, après quelques instants d'affolement, il se précipite hors de la chambre, comme s'il voulait fuir quelque apparition menaçante: tandis que sa victime, miraculeusement secourue, se mettait à genoux pour remercier ses deux célestes protecteurs.

« C'est elle-même, ajoute le P. Donadio, qui a demandé d'insérer ce fait dans la vie de Sœur Philomène, en témoignage des miséricordes de Dieu envers une pauvre pécheresse, et de l'efficacité des prières adressées à sa Servante. »

FIN

APPENDICE

I

DECRETUM TARRACONEN

BEATIFICATIONIS ET CANONIZATIONIS VEN. SERVAE DEI

SOR. PHILUMENAE A S. COLOMA

MONIALIS PROFESSAE
ORDINIS MINIMORUM S. FRANCISCI DE PAULA

Scripta, quae praedictae Servae Dei Philumenae a Sancta-Coloma attributa, quaeque Sacrae Rituum Congregationi exhibita fuerunt, ut super iis revisio et examen ad tramitem decretorum institueretur, in sequenti elencho describuntur, videlicet:

(*Sequitur elenchus scriptorum*)

Proposito autem ab Emo et Rmo Dno Card. Miccislao Ledochowski Causae Ponente in Ordinariis Sacrae Rituum Congregationis Comitiis subsignata die ad Vaticanum habitis Dubio super revisione peracta horum scriptorum, Emi et Rmi Patres Sacris tuendis Ritibus praepositi, post eiusdem Emi Viri relationem omnibus mature perpensis, auditoque R. P. D. Augustino Caprara Sanctae Fidei Promotore, rescribendum censuerunt:

Nihil obstare quominus procedi possit ad ulteriora, reservata tamen facultate Promotori Fidei opponendi si et quatenus de iure. Die 18 decembris 1890.

Facta postmodum de his Sanctissimo Domino Nostro Leoni Papae XIII per infrascriptum Sacrae Rituum Congregationis Secretarium relatione, Sanctitas Sua rescriptum eiusdem Sacrae Congregationis ratum habuit et confirmavit die 14 ianuarii 1891.

C. Card. ALOISI-MASELLA
S. R. C. Praefectus.

L. ✠ S.

Vincentius Nussi *S. R. C. Secretarius.*

II

DECRETUM SUPER DUBIO

An sit signanda Commissio Introductionis Causae in casu, et ad effectum de quo agitur?

Eximia virtutum et sanctitatis fama, qua Ven. Serva Dei Philumena a S. Coloma Monialis Professa Ordinis Minimorum S. Francisci de Paula vivens inclaruit, longe lateque post eius obitum diffusa est, supervenientibus quoque prodigiis per eiusdem intercessionem, uti fertur, a Deo patratis. Hinc factum est ut in Curia ecclesiastica Tarraconensi Ordinaria Auctoritate Inquisitio super fama sanctitatis vitae, virtutum et miraculorum praefatae inclitae Dei famulae ad iuris tramitem instituta fuerit, ac deinceps in Actis Sacrorum Rituum Congregationis rite exhibita; cui accesserunt postmodum postulatoriae litterae quamplurium Eminentissimorum Sanctae Romanae Ecclesiae Cardinalium, Reverendissimorum sacrorum Antistitum, aliorumque Virorum tam ecclesiastica quam civili dignitate illustrium, nec non Societatum utriusque sexus Regularium, quae eamdem famam luculenter comprobarunt.

Eapropter quum a Sanctissimo Domino Nostro Leone Papa XIII iam benigne indultum esset ut de dubio signaturae Commissionis Introductionis Causae agi posset in Congregatione Sacrorum Rituum Ordinaria absque interventu et voto Consultorum, licet nondum elapso decennio a die praesentationis Processus Informativi in Actis ipsius Sacrae Congregationis, Emus et Rmus Dnus Cardinalis Miecislaus Ledochowski huiusce Causae Ponens, ad instantiam Rev. Patris Augustini Donadio Sacerdotis Professi et Postulatoris Generalis Causarum Beatificationis et Canonizationis Servorum Dei Ordinis Minimorum S. Francisci de Paula, in Ordinariis Sacrorum Rituum Congregationis Comitiis subsignata die ad Vaticanum habitis, sequens Dubium discutiendum proposuit, nimirum: *An sit signanda Commissio Introductionis Causae in casu, et ad effectum de quo agitur?*

Emi porro ac Rmi Patres sacris tuendis Ritibus praepositi, omnibus accurate perpensis, auditoque voce et scripto R. P. D. Augustino Caprara S. Fidei Promotore rescribendum censuerunt: *Affirmative, seu signandam esse commissionem, si Sanctissimo placuerit.* Die 2 iunii 1891.

De praemissis autem a subscripto Secretario facta Ssmo Dno Nostro Leoni Papae XIII fideli relatione, Sanctitas Sua sententiam Sacrae Congregationis ratam habens, propria manu signare dignata est Commissionem Introductionis Causae Ven. Servae Dei Philumenae a S. Coloma praedictae, die 10 iisdem mense et anno.

C. Card. ALOISI-MASELLA
S. R. C. Praefectus.

L. ✠ S.

Vincentius Nussi, *S. R. C. Secretarius.*

TABLE DES MATIÈRES

CHAPITRE PREMIER

Premières années. — Naissance de Philomène. — Ses parents. — Ses frères et sœurs. — Donation maternelle. — Pas de larmes. — La « petite enchanteresse ». — Les images de la Sainte Vierge. — L'image avalée. — Premiers bégaiements. — Le petit berceau. — Les prédilections divines. — Premières infirmités. — La lancette. — Admiration des parents. — Assauts du démon. — Le nom de Jésus. — Attrait pour le recueillement. — Impuissance à méditer. — Obéissance entière. — Les habiletés de Josefa. — Bénédiction d'une famille chrétienne. — Prédiction de sainteté future....... 1

CHAPITRE II

Première Communion. — La caractéristique de la sainteté. — Philomène et les intérêts de Dieu. — Une promenade sur l'Èbre. — La vieille mendiante. — La jeune fille pauvre. — Le bouquet de myrrhe. — L'Eucharistie, source de vie et de force. — Le bois sec et le bois vert. — Le grand jour, 15 octobre 1853. — Coïncidence éloquente. — La défaillance. — Les secrets du ciel. — Premiers vœux................. 11

CHAPITRE III

L'enfant consacré. — Philomène n'appartient plus à ses parents mais à Dieu. — Le choléra. — Philomène se meurt.

— L'appel à sainte Philomène. — La guérison instantanée. — Vie rendue : donc, vie d'amour et de souffrances. Union plus intime avec Jésus. — Les consolations préparent les tribulations. — Purifications passives. — Les nuits sur le sol. — Ordres sévères de Josefa. — Désobéissance involontaire de Philomène. — Étrange maladie de l'estomac. — Les remèdes des médecins et les recettes empiriques des bonnes femmes de Mora. — Les duretés de Josefa envers sa fille. — Un soufflet. — Bizarrerie dans la maladie de Philomène. — Ses tentations.. 19

CHAPITRE IV

La vocation. — Premières ouvertures sur la vocation. — Opposition de Josefa. — Philomène astreinte aux travaux domestiques. — Suggestions du démon. — Santé altérée. — Les trois jeûnes par semaine. — Josefa modifie ses procédés à l'égard de Philomène. — Le monastère de Valls. — Le curé de Pla. — « Vous serez notre sœur ». — Josefa conduit sa fille au monastère. — « Oh! mes murs, mes chers murs! » 29

CHAPITRE V

Le noviciat et la profession. — Le bonheur de la postulante. — L'épidémie dans le monastère. — Mère surveillante et ses observations aigres-douces. — Philomène est admise au noviciat, 29 mars 1860. — Sœur Philomène de Sainte-Colombe veut se hâter d'être sainte. — Son esprit religieux. — Les stratagèmes de Mère surveillante. — La liberté du choix. — *Venis ad Crucifixum?* — La profession, 4 avril 1861, vingtième anniversaire de son baptême...................... 39

CHAPITRE VI

Sœur Philomène et ses compagnes. — La dépensière de charité. — Sœur Marie de Jésus et la souris. — La tumeur baisée et guérie. — L'apostolat domestique. — Sœur Engracia et son aversion. — Ses injures à Sœur Philomène. — Héroïque patience. — Le coup de la grâce. — Horrible tentation de

Sœur Engracia. — Philomène vient à son secours. — Le mal qui ne se prend pas... 49

CHAPITRE VII

Sœur Philomène et sa famille. Mort de Josefa................ 63

I. — Première lettre de Sœur Philomène à ses parents, après la profession. — Sa tendre sollicitude pour eux et pour ses frères et sœurs. — Elle demande à son père un crucifix.... 64

II. — Lettre de Sœur Philomène à ses parents à l'occasion de la mort de sa marraine. — Les Quarante-Heures. — Dispositions avec lesquelles on doit les célébrer................ 66

III. — Sœur Philomène souhaite à ses parents de bonnes fêtes de Noël... 68

IV. — Sœur Philomène écrit pour avoir des nouvelles de la famille. — Invitation à assister à deux professions. — Tendres remerciements pour leurs bontés à son égard. — Demande spéciale à sa mère..................................... 70

V. — Sœur Philomène répond à son frère Félix qui lui avait annoncé des deuils de famille. — Elle lui adresse quelques pieuses exhortations. — Tendresses à son frère........... 72

VI. — Sœur Philomène, ayant appris la maladie de sa mère, lui envoie ses vœux. — Elle reparle à son frère Félix des grandes douleurs et infirmités dont Dieu la favorise. — Mort de sa mère. 75

CHAPITRE VIII

Le travail divin. — Jésus-Christ, premier ouvrier de la sainteté. — Il soumet son action à l'obéissance. — La discipline douloureuse, mais non sanglante. — Pas de poisson frais. — Refus du confesseur, et puis son acquiescement. — Sœur Assunta, émule de Philomène. — Leurs jeûnes complémentaires. — Leurs petites industries. — Sœur Félicité doit les imiter. — Ordre donné à Philomène d'écrire ses états d'âme. — Son premier mouvement de résistance. — Le P. Juan Badia de Llacuna, Capucin. — Ses relations avec la servante de Dieu. — Il lui fait entrevoir le ciel 79

CHAPITRE IX

Graces extraordinaires et assauts diaboliques. — Impuissance et ardeur de l'amour. — Le pénitent et sa mauvaise confession. — Intervention miraculeuse de la Vénérable. — Apparition et nourriture du ciel. — Impuissance à retenir au chœur les ardeurs de sa prière. — La sécheresse de 1863. — Supplications de Philomène. — Déception et nouveaux assauts du démon. — Le remède de Sœur Engracia. — Tentations trop pénibles. — « Elle au ciel; toi en enfer ». — Révélations sur le triomphe futur de l'Église et sur les ennemis de Pie IX. — Les sources de salut prévues par Philomène et indiquées par Léon XIII.................. 89

CHAPITRE X

L'épouse crucifiée. — L'unique livre. — Don de contemplation. — Je te veux crucifiée et mortifiée en toutes choses. — Austérités, abstinences. — Sommeil. — Luttes intérieures. — Saintes ardeurs pour la Croix. — L'épithalame de l'épouse crucifiée 101

CHAPITRE XI

Sœur Philomène réformatrice de son monastère. — Notre-Seigneur demande à Sœur Philomène d'aller nu-pieds. — Hésitations et refus du confesseur. — Premier essai. — D'autres Sœurs l'imitent. — Faits prodigieux. — Exposé de la communauté à l'évêque. — Retour à ce point de la Règle. — Prédiction de Philomène pour le lever de minuit. — La cloche du monastère sonne d'elle-même. — Les « serenos ». — Délibération de la communauté. — Retour au lever de minuit. D'autres couvents imitent l'exemple de Valls. — Fondation prédite à Mora de Ebro. 113

CHAPITRE XII

Écrits de la vénérable Philomène.

I. — *Sœur Philomène rend compte de ses états d'âme.* — Sœur Philomène écrit par obéissance. — Elle ne sait pas l'alphabet de l'oraison. — Voix qui l'appelle ou qui répond. — Intuition et acceptation des souffrances. — Divines assurances. — Souffrir et mourir d'amour. — La plante déchiquetée. — Retraite intime de l'âme en elle-même. — Secrets relatifs à elle-même et aux autres. — Résultats physiques de ses intuitions divines. — *Écrit du 2 avril 1866*. — Les complaisances des trois personnes divines envers Philomène. — Notre-Seigneur lui demande de grandes choses, surtout le renoncement absolu en toutes choses. — Recueillement au milieu des occupations extérieures. — La flamme d'amour. — Le don des larmes. — Discours d'amour. — Blessures du cœur. — Quiétude. — Visite de Jésus avant la Communion. — Nette vision du divin Sauveur. — Pas de lecture. — La montagne de la perfection. — Elle doit la gravir par le vœu du plus parfait. — Brûlants appels du Cœur de Jésus......... 123

II. — *Le vœu du plus parfait*. — Formule du vœu par lequel Sœur Philomène s'obligea à pratiquer toujours ce qu'elle saurait être le plus parfait. — Elle le prononça le jour même de la Pentecôte 1866. — Elle s'y était préparée par une retraite de dix jours entiers, suivis d'une confession générale. — Pour mieux assurer l'exacte et fidèle observance de ce vœu, elle le renferma dans le Cœur adorable de Jésus. — Les trente-trois résolutions pour bien garder ce vœu. — L'offrande quotidienne........................... 145

III. — *Jeûnes et abstinences que Notre-Seigneur impose à la Vénérable*. — *Écrit du 1er juin 1866*. — Reproches de Notre-Seigneur à Sœur Philomène qui craignait de se singulariser par ses jeûnes........................... 155

Écrit du 14 octobre 1866. — Sœur Philomène manifeste à son confesseur l'ordre qu'elle a reçu de Dieu de pratiquer une plus rigoureuse abstinence. — Elle exalte ensuite le grand pouvoir de sainte Thérèse sur le Cœur de Jésus............ 157

Écrit du 13 novembre 1866. — Nouvelles perplexités........ 159

Écrit du 19 janvier 1867. — Acquiescement entier aux ordres des supérieurs. — Coup d'œil rétrospectif sur les ordres divins de rigoureuse abstinence en faveur de la Sainte Église. — Tendresses du divin Époux. — Menaces en cas de relâchement. — Suppression du potage. — Alimentation au pain et à l'eau trop abondante. — Jeûne complet de la semaine divisé entre Sœur Philomène et Sœur Assunta. — Les tentations d'orgueil. — Les deux sentiers. — Divines assurances. — Effets du jeûne.................................. 161

Écrit du 4 février 1867. — Nouveaux reproches contre l'insuffisance de ses abstinences. — Elle doit imiter saint François de Paule. — Plus de sobriété encore. — Acquiescement à la volonté de Dieu.................................. 170

IV. — *Épreuves spirituelles et souffrances physiques.* — *Écrit du 22 août 1866.* — Angoisses intérieures. — Combats pour ne pas délaisser la Sainte Table. — Suggestions d'irrévocable damnation.................................. 171

Écrit du 2 avril 1867. — Tribulations de Sœur Philomène. — Elle souffre de ne pouvoir convaincre son confesseur de son irréparable misère. — Tentations de désespoir.................................. 173

Sœur Philomène remet l'écrit suivant à son confesseur le 4 septembre 1867. — C'est une réponse aux conseils que celui-ci lui avait donnés par écrit pour l'encourager au milieu des violentes souffrances corporelles qu'elle endurait, ainsi que de ses grandes peines d'esprit. 174

Écrit du 8 septembre 1867. — Description détaillée de ses souffrances. — Chant d'allégresse.................................. 175

Écrit du 10 novembre 1867. — Plaintes de la Vénérable, mais plaintes résignées. — Délaissement complet en face de la colère divine. — Vains appels de son amour et de sa douleur. — Espérance quand même. — Paix profonde par delà les troubles. — Projet d'écrire sur les grandeurs de Dieu...... 177

Écrit du 18 décembre 1867. — Pleine conformité de Philomène à la volonté de Dieu, au milieu des tribulations. — Vaines suggestions du démon et sublime réplique de la Vénérable. 180

V. — *Le Sacré-Cœur de Jésus.* — *Le triangle étoilé.* — *La Sainte Église.* — *Écrit du 5 juin 1866.* — La Vénérable recommande à son confesseur de se consacrer au divin Cœur au jour de sa fête et d'en propager le culte. — Bonheur de vivre dans le divin Cœur. — Cette consécration sera très agréable à la Sainte Vierge 182

Écrit du 29 novembre 1866. — Révélation sur les afflictions de Pie IX et sur les périls de l'Église. — Notre-Seigneur veut que Philomène s'impose, pour l'Église, de nouveaux sacrifices. — Elle doit goûter « le calice » de la Passion........ 184

Écrit du 30 janvier 1867. — Elle demande à Dieu, Sagesse incréée, de l'éclairer pour bien s'exprimer. — Saint Michel archange lui apparaît et lui demande de manifester ses grandeurs. — Philomène le promet, mais à condition que l'archange volera au secours de Pie IX et ne permettra pas qu'il soit chassé de Rome. — Notre-Seigneur veut donner deux joyaux précieux. — Le divin Cœur, épuisé d'amour et de tristesse, cherche vainement un lieu de repos. — Deux étoiles viennent prendre dans ce Cœur la place de l'amour et celle de la douleur. — Le triangle étoilé. — Que sont ces trois étoiles? — A Marie le mouvement de la douleur dans le Cœur de Jésus. — A saint Michel, celui de l'amour. — Saint François de Paule et sa dévotion à saint Michel. — Avis à donner aux Carmélites de Valls.................... 186

Écrit du 24 janvier 1868. — Vision des calamités qui menaçaient le monde. — Le fleuve qui va sortir du Cœur de Jésus. — La lutte de Philomène contre ce divin Cœur. — Arc et flèches pour la lutte. — Notre-Seigneur demande de trois communautés des pénitences et des prières.................. 197

VI. — *L'âme et son Bien-Aimé.* — *Écrit du 13 mars 1868.* — Dieu est fidèle à ses promesses. — Échange de volonté entre Notre-Seigneur et sa servante. — Désir du crucifiement. — L'anneau de la foi. — Le voile nuptial. — Sainte sécurité. — Sublime défi à Notre-Seigneur. — L'absence du Bien-Aimé......... 199

CHAPITRE XIII

BLESSURES DU DIVIN AMOUR. — Le travail divin parachevé. — Je brûle! je brûle! — Première blessure d'amour. — Le viatique. — Le remède. — Je ne peux plus vivre. — Deuxième blessure, deuxième viatique. — Philomène offre sa vie. — Déposition du médecin. — La procession de la Saint-Jean. — Le régime d'une malade. — « Oh! pauvres clôtures! » — Les anxiétés du P. Narcisse....... 209

CHAPITRE XIV

LA SAINTE MORT. — La neuvaine d'adorations. — Guérison demandée et non obtenue. — L'acte d'humiliation. — Troisième viatique, troisième et dernière blessure. — Les adieux. — Lettre de Philomène mourante. — L'aube du 13 août 1868. — Le dernier soupir 219

CHAPITRE XV

APRÈS LA MORT. — Sœur Rose chargée de l'ensevelissement. — Les funérailles. — Le caveau commun. — Première translation. — Deuxième translation. — Troisième translation. — Sœur Emanuela. — Reconnaissance juridique du corps de Philomène. — Rapport des médecins. — Examen des instruments de pénitence.. 227

CHAPITRE XVI

GLOIRE POSTHUME. — La foi populaire. — Sœur Véronique et Sœur Marie du Salut. — Étrange remède et guérison instantanée. — Conviction forcée du médecin. — Maria Macip et son poignet coupé. — Amputation nécessaire et guérison soudaine. — Grâce prodigieuse de conversion. — Combat et victoire de la convertie.. 233

APPENDICE

I. Decretum *Super scriptus* 245
II. Decretum *Super Introduct. Causae* 246

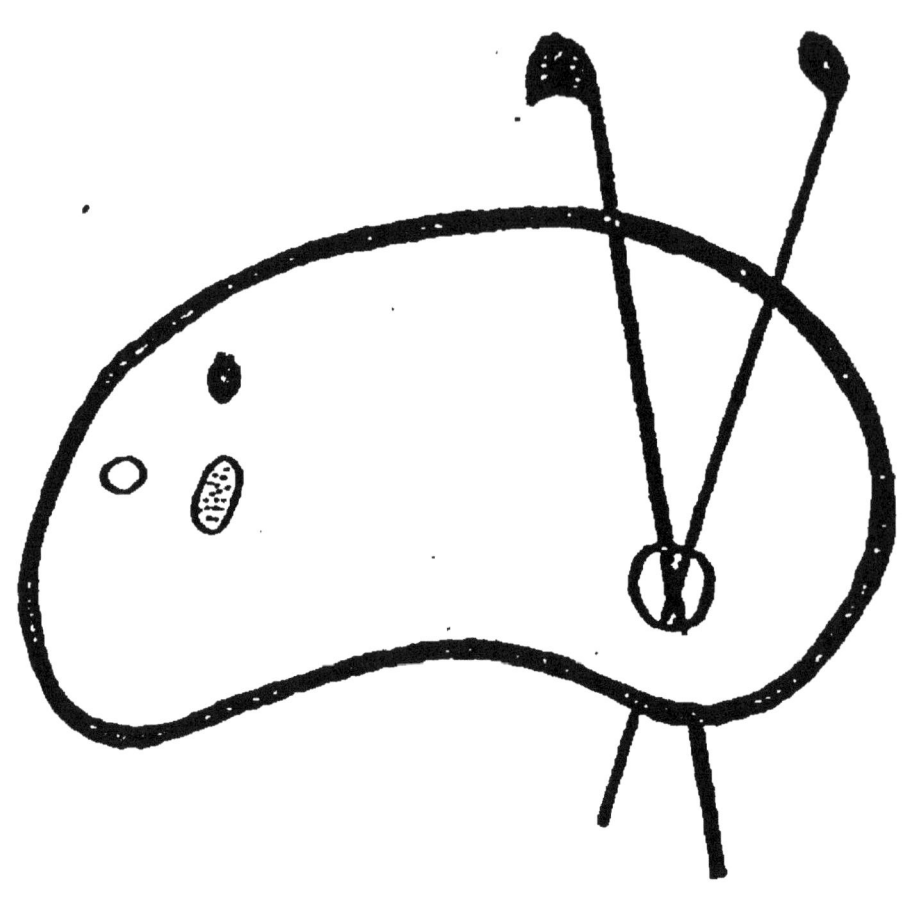

ORIGINAL EN COULEUR
NF Z 43-120-8

www.ingramcontent.com/pod-product-compliance
Lightning Source LLC
Chambersburg PA
CBHW050642170426